फ़ैशन एक दृष्टांत

विभा भटनागर

First Published in May 2023

ISBN: 978-93-5668-482-9

BLUEROSE PUBLISHERS
www.BlueRoseONE.com
info@bluerosepublishers.com
+91 8882 898 898

Cover Design:
Muskan Sachdeva

Typographic Design:
Pooja Sharma

Distributed by: BlueRose, Amazon, Flipkart

प्रस्तावना

इस किताब को लिखने का उद्देश्य सिर्फ आसान शब्दों में "फैशन " के बारे में बताना था। इस पुस्तक के द्वारा 'फैशन' के आधारभूत तथ्यों की जानकारी उपलब्ध कराना है। जिनको जाने समझे बगैर फैशन इण्डस्ट्री को नही जाना जा सकता है। प्रत्येक अध्याय में उन सभी विषयों को आसान भाषा में समझाने का प्रयास किया है। वैसे तो "फैशन" पर काफी सामग्री उपलब्ध है मगर वह सभी अंग्रेजी में है। अपनी भाषा भें सूदूर क्षेत्र से आये हुये विद्यार्थियों के लिए यह एक छोटी सी कोशिश है। इस पुस्तक में " फ़ैशन" ही नही अपितु उसके साथ-साथ उसके प्रकार, फैशन परिवर्तन, फैशन का विकास एवं इतिहास तथा उसका समाज में क्या अहं योगदान है उन सब के बारे में बताया गया है।

अनुक्रमणिका

अध्याय-1

फैशन

फैशन क्या है? एक व्यक्तित्व, एक विचार, एक अवधारणा या फिर हमारे मस्तिष्क पर एक सोच का प्रभाव।

वास्तव में हम जहां रहते हैं, हम जो करते हैं उन सबको चेतन या अवचेतन मन से ग्रहण करते हैं।

उसी से हमारी एक सोच बनती है और वही सोच हमारी जीने की राह को परिपक्व वह करती है। वास्तव में "फैशन" जिंदगी को जीने का तरीका है।

"फैशन" वास्तव में वह है जो हमें नज़र आता है। जिसको हम कल्पित करते है। या हम यह कह सकते है हरेक व्यक्ति जिस भी तरीके से अपने जीवन शैली को विकसित करता है उसमें हमें उसके द्वारा अपनाये गये फैशन का आभास होता है। फैशन (Fashion) और "जीवनशैली" (Life Style) वास्तव में एक ही सिक्के के दो पहलू है। दोनो का एक दूसरे के साथ चोली दामन का साथ है।

फैशन को प्रभावित करने वाले कारण Fashion Factors

इस तथ्य को समझने के लिए हमें "जीवन शैली" (Life style) को समझना पड़ेगा। हम सब अपने तरीके से एक अच्छा जीवन यापन करना चाहते हैं। जिंदगी को अपनी तरीके से जीना चाहते हैं। और वो काफी हद तक हमारे मूड (Mood) हमारी कार्य शैली, हमारे भूत और भविष्य की कल्पना शक्ति पर निर्भर करता है। फैशन का अर्थ सिर्फ कपड़े पहनना नही है यह हमारी एक पूर्ण विचार धारा है। एक कार्य प्रणाली है। हमारा मस्तिष्क अपने दिन की प्रत्येक कार्य प्रणाली की तस्वीर सुरक्षित रखता है। और समय-समय पर उसका उपयोग अपनी कार्य प्रणाली पर करता है। यही कार्य प्रणाली आगे चलकर फैशन के मुड (Mood) का निर्धारण करती है। इसका अर्थ यह हुआ कि Fashion बहुत तरीके से प्रभावित होता है।

मनुष्य एक सामाजिक प्राणी है। वह अपनी सारी गतिविधियां समाज में रह कर करता है। समाज के बिना वह अपने किसी भी कार्य को पूर्ण नहीं कर सकता है। हर स्थान का सामाजिक ढांचा बहुत ही सुगठित तरीके से तैयार है। उसमें उनके कुछ नियम है या प्रतिरूप है। जिस को प्रत्येक व्यक्ति को मानना ही पड़ता है। और उसी समय पर "फैशन" और "समाज" एकीकृत हो जाता है। फैशन पर पड़ने वाले प्रभाव पर "सामाजिक कारण" मुख्य है।

सिर्फ समाज का ही नहीं समय-समय पर "शासित सत्ता" का भी काफी प्रभाव होता है । हमारे नेता, राजनेता या राजनैतिक पार्टी इन सबका भी व्यक्ति के सोच पर असर पड़ता है। "जवाहर लाल नेहरु" की "अचकन", गांधीजी की 'टोपी', नूरजहां की 'अनारकली' कोई कैसे भूल सकता है। इन सब का अतीत में ही नहीं वर्तमान में भी फैशन पर काफी प्रभाव है। स्वतंत्रता संग्राम में हुए "खादी आंदोलन" का व्यापक प्रभाव आज के परिवेश के फैशन शो में भी देखा जा सकता है।

फैशन को प्रभावित करने पर काफी हद तक भौगोलिक कारण भी है। मौसम का प्रभाव हम सब को प्रभावित करता है चाहे वह सर्दी हो या गर्मी, बरसात हो या पतझड़। हम मौसम के अनुरूप ही वस्त्र पहनना पसंद करते हैं। यही नहीं मौसम हर एक किलोमीटर पर बदल जाता है साथ में फैशन भी। हमारी पृथ्वी की भौगोलिक संरचना कुछ ऐसी है कहीं पर पहाड़ तो कहीं समतल, कहीं रेगिस्तान तो कहीं पर दलदल है। अपने त्वचा को हर कष्ट से बचाने के लिए ही व्यक्ति वस्त्र पहनता है। सर्दी के लिए ऊनी या मोटे वस्त्र तो गर्मी के लिए सूती या पतले वस्त्र। यह भौगोलिक संरचना भी "फैशन" के नियम को निर्धारित करती है। यही नहीं फैशन का व्यवसाय भी अन्य व्यवसायों की तरह ग्राहक की सोच पर निर्भर करता है। अर्थात आप कितना किस समय पर खर्च करते हैं। वो भी फैशन का निर्माण करता है। क्या वाकही में फैशन को निर्धारित करने में यह ही प्रमुख कारण होते हैं। नहीं ... कुछ अन्य तत्व भी हैं :-

Fashion Terms

जब हम दिन प्रतिदिन "फैशन" शब्द का उच्चारण करते हैं। तो विभिन्न शब्दाशो में फैशन का मतलब अलग हो जाता है। हम फैशन के लिए इन शब्दों का प्रयोग करते हैं जो वास्तव में "फैशन" नहीं है। मगर काफी हद तक "फैशन" को समझाने का प्रयत्न करते हैं।

Fashion

फैशन वास्तव में एक समय में काफी लोकप्रिय स्टाइल या स्टाइल के समूह को कह सकते हैं। या हम कह सकते है कि फैशन एक प्रमुख वर्ग के लोगों के वस्त्रों को पहनने व चुनने की तलाश जो कि एक निश्चित समय सीमा पर देखी जा सकती है, फैशन है। अगर वास्तव में इसको देखा जाए तो फैशन में हमें

तीन शब्द काफी असरदार नजर आते हैं। जिस से फैशन की परिभाषा को समझने में आसानी होगी।

अंदाज स्टाइल (Style), चेंज (change), या बदलाव, (acceptance) स्वीकार करना, Taste, सबसे पहले हम Style की बात करते हैं।

अंदाज़ या स्टाइल

"स्टाइल" या "अंदाज" फैशन की एक विशेषता है। जो आपके "वस्त्र विन्यास" (apparel) या "फैशन उपविन्यास" (accessories) से संबंधित हैं। फैशन डिज़ाइनर्स अपने फैशन (ideas) विचारों को जब प्रस्तुत करते हैं तो उसमें अपने फैशन उपविन्यास को रचनात्मक तरीके से प्रस्तुत करते हैं। जिससे उनके फैशन में एक नई सोच आती है जो ग्राहकों को (customer) को प्रभावित करती है। अपने फैशन के अंदाज (Style) को प्रस्तुत करते समय चाहे वो production के समय में हो या फिर Marketing हो वो उस स्टाइल का पूरा ध्यान रखते हैं। Style आ जा सकता है। मगर एक सीमित समय पर लोकप्रिय हुआ स्टाइल कभी भी भूला नहीं जा सकता है। मगर यह भी उतना ही सच है कि "अंदाज या स्टाइल" पूर्ण फैशन नहीं है यह "फैशन" का तत्व है मगर हम उसे समय-समय पर फैशन में ही count कर लेते हैं। साधना कट Hair style या पोलो Shirt का कॉलर इसके मुख्य उदाहरण है।

बदलाव या Change

फैशन को सबसे ज्यादा क्रांतिकारी सोच जो देता है वह बदलाव या change है। इसको समझने के लिए हमें Designer Karl Lagerfeld के change के बारे मे दिए गये व्यक्तव्य को देखना पड़ेगा उन्होंने कहा –

"What I like about fashion is change, change means also that what we do today might be worthless tomorrow, but we have to accept that because we are in fashion. There is nothing safe forever in fashion.........................

Fashion is a train that waits for nobody. Get on it or its gone."

वास्तव मे फैशन की प्रकृति चंचल है। वो एक समय सीमा तक ही अपने मे सीमित रह सकता है। लगातार बदलने की प्रवर्तिही इसको रोचक बनाती है। व्यक्ति फैशन मे रुचि रखने लगता है। यह भी उतना सत्य है की अगर फैशन लगातार अपने में बदलाव न लाए तो व्यक्ति उस वस्तु का क्रय-विक्रय न करें। वास्तव में यह एक विश्लेषण करने लायक बात है की फैशन क्यूँ बदलता है। अगर हम ध्यानपूर्वक फैशन के लचीले पण का अध्ययन करे तो हम फैशन के बदलने के काफी कारणों पर रोशनी डाल सकते है।

फैशन के लगातार बदलाव के मूलभूत कारण

1. मनुष्य की मनोविज्ञानिक सोच

2. मनुष्य को बदलाव की जरूरत

3. समय समय पर बदलती मनुष्य की जीवन शैली

4. बदलती जीवन शैली का उसके वर्तमान के सामाजिक परिवेश पर प्रभाव

एक वस्तु को लगातार इस्तेमाल करने से उस में जो बोरियत आती है। फिर उसको बदलने की कवायत शुरू होती है। बदलने के साथ ही समाज मे दिखावे की जरूरत की वो अमुक वस्तु मेरे पास है। इन्ही सब के कारण फैशन में लगातार बदलाव आता है। वास्तव में फैशन की उत्पत्ति ही बदलाव से हुई है।

Acceptance या स्वीकार

Fashion को स्वीकार करना क्या है। वास्तव में ग्राहक के द्वारा किसी वस्तु का क्रय या विक्रय ही उसे फैशन की श्रेणी में ले आता है। Karl Lagerfeld ने कहा – There is no fashion if nobody buys it." वास्तव मे क्रय विक्रय भी अलग – अलग स्थान पर अलग – अलग ग्राहक की सोच पर अलग – अलग होता है। हरेक की सोच और जरूरत उसे अलग – अलग वस्तु खरीदने की प्रेरणा देती है। Marketing भी काफी हद तक फैशन के स्वीकार या अस्वीकार करने में महत्वपूर्ण भूमिका निभाता है। किसी भी फैशन को स्वीकार करने में डिजाइन अच्छा होना जरूरी भी नहीं है। सिर्फ समय व जरूरत के अनुसार अगर वह फौरन ग्राहक की आवश्यकताओं को पूर्ण करता है। वो वह फैशन को सफल बनाता है। आइये उस से पहले यह समझते है की डिजाइन क्या है।

डिजाइन एक "लैटीन" शब्द है जिसका अर्थ है "किसी उत्पाद का स्थापित संस्करण" – "Established Version of a Product".

वास्तव में डिजाइन आपकी उत्पाद को लेकर सोच की प्रारम्भिक अवस्था है। यह बहुत सारे विकल्पों को सामूहिक रूप से या सूचीबद्ध तरीके से की गई प्रस्तुति है। बहुत सारे मोटिफ को जोड़ कर हम डिजाइन बनाते है। एक कैरी (Paisley) मोटीफ हो सकता है। मगर कैरी की कतारबद्ध तरीके से प्रस्तुति मोटिफ डिजाइन बन जाती है।

डिजाइन

मोटीफ

एक डिजाइन, लाइन, रंग (colour), सोच (idea) और टेक्स्चर से मिलकर बनता है।

डिजाइन भी कई तरीके के हो सकते है : -

1. प्राकृतिक (Natural)

2. ज्योतिमिए डिजाइन (Geometrical)

3. सार डिजाइन (Abstract Design)

4. संरचनात्मक डिजाइन (Structural Design)

5. सजावटी डिजाइन (Decorative Design)

फैशन क्या है कला या विज्ञान

हम फैशन को किस श्रेणी में रख सकते है। क्या फैशन विज्ञान है बहुत से फैशनशास्त्री फैशन को "विज्ञान" मानते है। फैशन की दुनिया अपने आप में एक अलग दुनिया है जिसमें कल्पना है, रचनात्मकता है, और एक तकनीक है। जब इन सबका मिश्रण होता है तब हमें एक नया सृजन मिलता है। विज्ञान की परिभाषा क्या है?

विज्ञान का अर्थ है विशेष ज्ञान या सरल शब्द में कहे - "विज्ञान उसे विशिष्ट ज्ञान को कहते है जो विभिन्न घटनाओ के निरीक्षण से संग्रहीत होता, जो सुव्यवस्थित है तथा जिसके उपयुक्त परीक्षण तथा पुष्टीकरण कर लिए गये है। यही नही विज्ञान में हम क्रम बद्ध अध्ययन करते है।

हमारा हर नया कदम, पिछले कीये गये आविष्कारों के परिणामों पर आधारित है। अगर सभी अवयव (Indegrends) हर बार एक अनुपात में मिश्रण किया जाए तो हमें हर बार एक ही परिणाम मिलेगा। इस तरीके से अगर हम "फैशन" के बारे में सोचे तो निसन्देह "फैशन" विज्ञान है। आधुनिक युग में ही नहीं अपितु प्राचीन युग में भी हमारी फैशन को लेकर करे गये सभी कार्य विज्ञान से ओत प्रोत है। वस्त्र बनाने की तकनीक से लेकर,

वस्त्र पहनने तक के सफर में हम लगातार वैज्ञानिक तरीकों का अनुसरण करते है। चाहे वस्त्र प्राकृतिक तन्तु (Natural Fiber) या सिंथेटिक (Synthetic Fiber) से बने हो, उसकी नियमावली क्रमबद्ध तरीके से ही है। कपास के उगने, कातने और वस्त्र बनाने तक हम उसी परंपारिक तरीकों का इस्तेमाल करते है। यही नहीं वस्त्र बनने के बाद, वस्त्र काटने के लिए ("Drafting Patterns making") में हम उसी सूत्रीकरण (formulas) का इस्तेमाल करते है। रंगों के लिए भी उसी अनुपात में मिश्रण करते है। (Orange) संतरी रंग बनाने के लिए (Red) लाल और (Yellow) पीला रंग को ही मिलाया जाता है। यहीं नहीं समय – समय पर जरूरतों के आधार पर निम्न वस्त्र सिलने की मशीने एवं विभिन्न प्रकार के तंतुओं (fiber) के आविष्कार में भी विज्ञान का पूर्ण योगदान है।

Natural Fiber	Cotton
Seed in Soil	बीज
Tree	वृक्ष
Flower	फूल
Cotton	कॉटन
Fiber / Yarn	रेशे
Fabric	वस्त्र

Flow Chart of Textile Processing

Input/Raw Material ➡ Processing Steps ➡ Output

Textile Fibers ➡ Yarn manufacturing ➡ yarn
(Spinning mill)
↓

Yarn ➡ Fabric manufacturing ➡ Grey Fabric
(Weaving/Knitting industry)
↓

Gray fabrics ➡ Wet Processing ➡ Finished Fabric
(Dyeing, printing, Finishing industry)

Finished fabrics ➡ Garment manufacturing ➡ Garment
(Garment industry)

फैशन कला है।

कुछ फैशन डिजाइनर फैशन को कला मानते है। उनका मानना है की फैशन अपने प्रारम्भिक अवस्था में कला ही था। हम इस विश्लेषण से पहले कला को समझना होगा वास्तव में कला क्या है।

"कला मानव की रचनात्मक कौशल और कल्पना की अभिव्यक्ति है"। कला शब्द इतना व्यापक है की विभिन्न विद्वानों की परिभाषयाए उसके केवल एक विशेष पक्ष को छु कर ही निकाल जाती है। कला से अभिप्राय हुनर, कौशल, शिल्प, कारीगरी इत्यादि है। यह सब कला के ही विभिन्न रूप है। सब कुछ ही तो कला है, फिर किसे कला न कहा जाए, सामान्यत: कलाओं की संख्या 64 है, जो अटल है। कला को मुख्यत: दो भागों में विभाजित किया गया है।

वास्तव में फैशन डिज़ाइनिंग एक उपयोगी कला है जिसमे हम सिलाई कटाई एवं कड़ाई के माध्यम से अपने कौशल का परिचय देते है। मगर साथ में हम ललित कलाओं का भी समिश्रण करते है, मधुबनी, बनीठनी , टाई एवं डाई तथा बाटिक सभी कुछ अपने कलात्मकता के साथ प्रस्तुति करते है। तो फिर फैशन क्या है।

"फैशन एक विज्ञान है जिसमें हम अपने रचनात्मक कौशल एवं कल्पना की अभिव्यक्ति कला के माध्यम से करते है"।

फैशन का वर्गीकरण

Classic & Fad (Classic)

क्लासिक फैशन वह फैशन स्टाइल जो काफी सीजन में अपनी पहचान को बनाए रखता है यही नहीं कभी – कभी उसका अस्तित्व सालों तक रहता है

और उसको काफी बहुत संख्या में लोग पसंद करते है। अब इस फैशन स्टाइल के क्या मुख्य तत्व हो सकते है जो उसे लंबे समय तक फैशन में उसकी पहचान बनाए रखते है मुख्यतौर पर क्लीन सिलआउटस (Clean Silhouettes), टेलर्ड कट (tailored cuts), निट्स हेम (Neathems), मिनीमम डिटेलिंग (Minimum Detailing), value and quality उसका एक मुख्य तत्व है। क्लासिक फैशन अपनी क्लीन लाइन्स और स्मार्ट कट के लिए ही नहीं जाने जाते उसमें (Comfortable) तत्व होना भी जरूरी है।

Coco – "Luxury must be comfortable, otherwise it is not luxury".

संक्षेप में Evergreen fashion को classic fashion की श्रेणी में रख सकते है।

Fad Fashion "Fad" को अगर हम विश्लेषित करते है तो उसका मतलब है "For a day"

फैशन जो की कम समय के लिए आपको नजर आता है वह Fad fashion है। फैशन में समय का अपना महत्व है। फैशन कितने समय तक अपना प्रभाव कायम रखता है। उसी के अनुरूप उसे हम "classic" और "Fad" की श्रेणी में रखते है। फैशन के किसी भी स्टाइल को लेकर आम जनता की सनक या रुझान जो की कम समय तक रहता है। वह Fad फैशन अंतर्गत आता है। Fad Fashion में यह जरूरी नहीं की उसको अपनाने के लिए एक वृहद संख्या में लोगों की पसंद हो। fad फैशन के प्रति लोगों की रुझान अपने आप में काफी दिलचस्प होती है यह रुझान किसी भी वर्तमान ट्रेंड्स (Current Trends) को लेकर हो सकती है। हेयर स्टाइल या आर्टिकल (Article Accessories) या actual Garment हो सकते है। अब सवाल यह उठता है की फ़ैड फैशन (Fad Fashion) के तत्व क्या है?

फ़ैड फैशन के तत्व

1. फ़ैड एक आँखों को भाने वाला फैशन (Catchy Fashion) है।

2. यह कभी भी समझ नहीं आता की फैशन कब तक रहेगा समय सीमा बहुत कम है। इतनी कम की फैशन के जाने का समय भी पता नही चलता

और फ़ैड फैशन को समाज में एक अलग मुकाम तक पहुंचाने में young customer का अत्यंत महत्वपूर्ण योगदान है।

अन्तर फैशन, स्टाइल और फ़ैड में तीनों में काफी अंतर है इसको हम एक table के द्वारा समझ सकते है।

Fashion	Style	Fad
फैशन सबके लिए एक है।	स्टाइल हर व्यक्ति का अलग – अलग है।	फ़ैड एक temporary fashion है।
Fashion हरेक की जरूरत और उसको लेकर समाज का अपना एक दृष्टि कोण है।	स्टाइल हर व्यक्ति की अपनी अपनी सोच (Though Process) है।	बहुत ही जल्दी अपना प्रभाव खत्म करता है।
एक अच्छा और प्रभावी फैशन बहुत जल्दी समाज (society) में फैलता (spread) होता है।	स्टाइल धीरे – धीरे अपना प्रभाव पैदा करता है।	Fad बहुत ही जल्दी या फैशन से भी तेज फैलता है।
फ़ैशन हर वर्ग निम्न, मध्य या उच्च हर स्त्री या पुरुष	स्टाइल में हर व्यक्ति के अपने व्यक्तिव की	सिर्फ youth के द्वारा ही बहुत जल्दी से अपनाया

के द्वारा अपनाया जाता है।	परछाई देखने को मिलती है।	जाता है और popular भी होता है।

Couture & Pret a Potter

Couture कुर्तों एक लैटिन शब्द है जिसका अर्थ है सिलाई कटाई "sewing & stitching" और Haut couture "हॉट कुर्तों" का अर्थ हुआ कला और शिल्प का उत्कर्ष रूप । वर्ष में दो बार ग्रीष्म/बसंत (summer / spring) पतझड़/शीतकालीन (autumn / winter) डिजाइनर शोज में अपने उत्कृष्ट डिजाइन को प्रस्तुति करते है।

वास्तव में कुर्तों ग्राहक की विशिष्ट आवश्यकताओं और माप के लिए फैशनेबल कपड़ों का डिजाइन एवं निर्माण है। कुर्तों की डिजाइन एक कला का निर्माण है। कुर्तों की पूरी शृंखला के वस्त्रों में, टेलर्ड वस्त्र (tailored dress) से ईव्निंग वस्त्र (Evening dress) जिसके अंदर coat, suits, day dresses, dinner dresses और बालगाउँ आते है। अपनी उत्कृष्ट गुणवंता वो चाहे कपड़े के लिए या फिर डिजाइन के लिए दोनों ही अवस्था के लिए कुर्तों प्रसिद्ध है।

कुर्तों रेडी टू वियर / प्रेट-ए-पॉटर से निम्न क्यूँ है।

How the couture different from ready to wear & pret a potter.

1. वस्त्रों के चयन करने का तरीका काफी भिन्न है।

2. कुर्तों वस्त्र ग्राहक की निजी विशेषता को ध्यान पर रख कर बनाए जाते है।

3. कुर्तों वस्त्रों को हम 'कला' की श्रेणी में रख सकते है चाहे वह डिजाइन हो या फिर बनाने के लिए उपयोग में आने वाला कपड़ा, अथवा सिलाई या कड़ाई सब कुछ वास्तव में एक हस्त शिल्प का अनूठा उदाहरण होता है।

4. यद्यपि कृतों अपने आप में एक संग्रहीत वस्त्र (full range of garments) है फिर भी ग्राहक उस संग्रह में से अलग – अलग वस्तु अपने उपयोग के लिए ले सकता है क्यों की अलग – अलग हो कर भी यह अलग अलग नामों से उपलब्ध होती है।

5. कुर्तों वस्त्रों ने अपने पूरे फैशन चक्र में काफी उतार चढाव का सामना किया है। अगर हम उस चक्र को ध्यान पूर्वक देखे तो कृतों को हम तीन भागों में विभाजित कर सकते है।

Golden Period – 1854 – 1930

Decline Period – 1946 – 1960

Fresh start – 1980 – 1990

मगर आज आधुनिक युग में, कुर्तों को "ब्रांड नेम" के साथ जोड़ दिया है। "हाट कुर्तों" सिर्फ बड़े award function या event function में ही नजर आते है। जहां पर उपस्थित बहुत सारे व्यक्ति उस विशेषतम डिजाइनर के काम को देखते, सरहाते एवं उससे प्रभावित भी होते है।

Pret – a – Porter – शब्द विशेष "Pret – a – Porter" "Ready to wear" या "off – the – Peg" फैशन की दुनिया में नए है जो सिर्फ वस्त्रों के क्रय या विक्रय के लिए इस्तेमाल किये जाते है। प्रेट ए पोर्टर world war – I के बाद अचानक से सामने आये मगर वास्तव में यह रेडी टू वियर (Ready to Wear) की व्यापक रैज़ है जिसमें बहुत सारे रंग है जिसमें बहुत

सारे रंग डिजाइन एवं choices है जिसे आप एक समय पर एक जगह पर देख सकते है। यह शब्द वास्तव में Whole Sale Dress Industry के लिए इस्तेमाल हो सकता है। या यूँ कहें वह वस्त्र जो जनता के लिए जनता के द्वारा जनता से इस्तेमाल कर सकते है। (For the people by the people off the people)

Pret – a – Potter, Couture में अंतर

(How the Pret – a – Potter different from couture).

1. ग्राहक अपने लिए वस्त्र का चुनाव उपस्थित वस्त्रों की शृंखला में करता है (dress rail)।

2. इस वस्त्र शृंखला (dress rail) जिसमें रंग, डिजाइन एवं स्टाइल एक साइज़ में काफी उपलब्ध है।

3. वास्तव में प्रेट-ए-पॉटर बड़े पैमाने पर उत्पादित क्षमता है। इस तरीके की कार्ये प्रणाली 19 वी शताब्दी के मध्य में आई जब सिलाई मशीन का आविष्कार हुआ तथा उस आविष्कार का प्रभाव फैशन को व्यवसाय के रूप में अपनाने वाले अभ्यार्थी पर पड़ा।

4. डिजाइन की विविधता इसका एक मुख्य उद्देश्य है। इसमे डिजाइन (idea) एक ही विशेष स्टाइल मे उपलब्ध है। इस शृंखला में उपस्थित सभी डिजाइन एक दूसरे के प्रशंसनिय पूरक है वह चाहे स्लीव्स की रेंज हो या neck को ध्यान में रखते हुये डिजाइन।

Mass Fashion (मास फैशन) - आगे चर्चित fashion से काफी फर्क है उसे समझने के लिए पहले Mass Production (बड़े पैमाने पर उत्पादन) को समझना पड़ेगा। मास पर्डक्शन वास्तव में एक जटिली तकनीकी प्रक्रिया

है जिसमे बड़े पैमाने पर उत्पादन एक मानकीकृत (Standardized) प्रक्रिया है।

जो Ready to Wear का ही एक अभिन्न अंग है। यह शब्द हम volume of market के लिए इस्तेमाल करते है। जैसा की मैंने पहले कहा डिजाइन से वस्त्र बनाने तक की यह एक जटिली तकनीकी प्रक्रिया है। जिसको हम क्रम बद्ध तरीके से पूर्ण करते है। पैटर्न (Pattern), साइज़िंग (Sizing), ले प्लान (Lay Plan), कटिंग (Cutting out), सिलाई (Sewing) सब कुछ एक साथ होता है। यह सब आरंभ करने से पूर्व कच्चा माल अथार्थ कपड़ा (Fabric) को भी test किया जाता है।

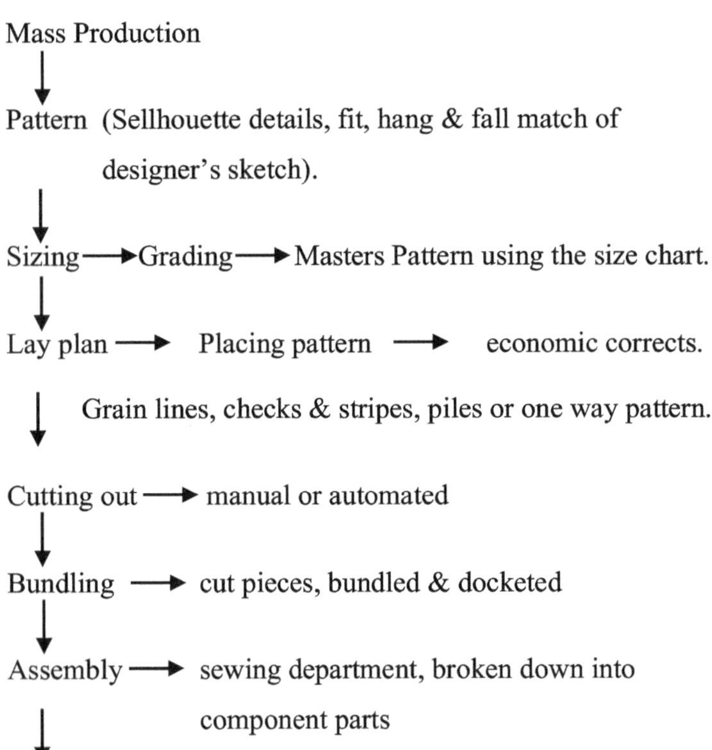

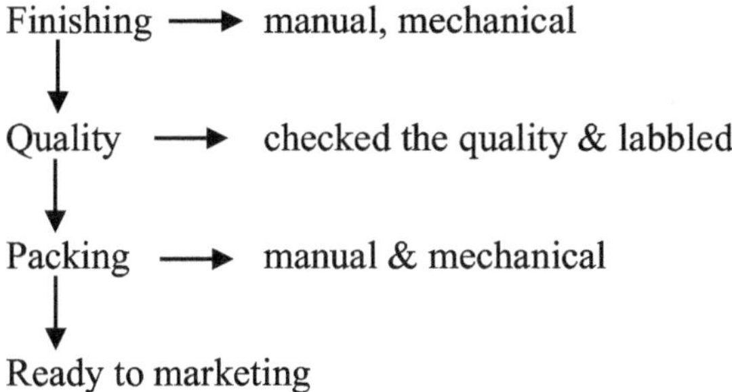

यह पूरी प्रक्रिया है। एक maas production की। मास पर्डक्शन के द्वारा जब कोई डिजाइन मार्केट में आता है तो वह भी व्यापक तरीके से आता है। और उसको पसंद करने के लिए भी जो ग्राहक है वह भी व्यापक रूप से पसंद करते है। मास डिजाइन वास्तव में प्रत्यक्ष या अप्रत्यक्ष तरीके से मास्को दर्शन पर आधारित है। जब बाजार में उत्पादित डिजाइन अधिक मात्रा में उपलब्ध है तो उसको पसंद करने वाले ग्राहक भी उसी संख्या में है। कहने का तात्पर्य यह है कि मास फैशन वह फैशन है जो मार्केट में उपलब्ध तैयार डिजाइन को अधिक मात्रा में ग्राहक के द्वारा बनाने की प्रक्रिया है।

Limited Fashion

लिमिटेड फैशन मास फैशन के विपरीत है। बाजार में उत्पादित डिजाइन अपने अधिकतम सीमा में उपलब्ध है मगर ग्राहक इस डिजाइन को अपनाने को तैयार नहीं है। ग्राहक के डिजाइन को न अपनाने के कई कारण हो सकते हैं।

डिजाइन ना अपनाने के कारण :-

1. डिजाइन या स्टाइल का पसंद ना आना।

2. आर्थिक दृष्टि से ग्राहक को अपने अनुरूप न लगना।

3. वस्त्र का कच्चा माल बहुत घटिया या अपने अनुरूप न होना।

4. डिजाइन सिर्फ कला की दृष्टि से ही होना उसका व्यवहारिक दृष्टिकोण सही न होना।

लिमिटेड फैशन एक छोटे समूह के द्वारा अपनाने वाला फैशन है।

Knock off, Registered & Replica Design

जब तक हम इन तीन शब्द समूह को नहीं समझते फैशन का वर्गीकरण पूर्ण नहीं होता है। सबसे पहले हम Knock off की बात करते है।

वास्तव में Knock off क्या है। Knock off डिजाइन की वह अवस्था है जब डिजाइन बहुत ज्यादा मार्केट में लोकप्रिय हो चुके हैं तथा आम ग्राहक उस डिजाइन को अपनाने के लिए काफी उत्सुक होता है। और उस को उस अवस्था में ना अपना कर उसको निम्न श्रेणी में उत्पादित डिजाइन को अपनाता है। निम्न श्रेणी से यहां हमारा अभिप्राय उस डिजाइन में इस्तेमाल होने वाला कच्चा माल (Raw material) है। मुख्य डिजाइन से काफी सस्ता होने के कारण हर सप्ताह होने वाला साप्ताहिक बाजार में आसानी से उपलब्ध है

इस श्रेणी मैं दूसरा शब्द Registered Design है । वह डिजाइन जिसको तैयार करते वक्त डिजाइनर को इस तथ्य का आभास होता है कि यह डिजाइन एक समय में राष्ट्रीय या अंतरराष्ट्रीय बाजार में काफी लोकप्रिय होगा। इस अवस्था में डिजाइनर डिजाइन बनाने की प्रक्रिया में इसको रजिस्टर्ड करा देते है ।

ताकि उस डिजाइन को कोई और व्यक्ति गलत इस्तेमाल ना कर सके।

Replica's रेपलिकास वह डिजाइन है जब हम किसी प्रतिष्ठित डिजाइनर का डिजाइन किसी मैगजीन फिल्म या शौ में देखते हैं तो उसी डिजाइन की नकल करते हैं और उसे अपने अनुरूप बनाते हैं। हम उसका स्टाइल same रखते हैं पर वस्त्र का चुनाव उसपर होने वाली कढ़ाई या लैस का चुनाव अपने तरीके से करते हैं। इस अवस्था में डिजाइन same होने के बावजूद भी मूल डिजाइन से भिन्न हो जाता है और बगैर कानूनी मुसीबत में आए बाजार में उतर आता है। रैप लिकास मुख्य तौर पर ग्राहक की पसंद के अनुरूप बनाए जाते हैं।

जिस तरीके से फैशन को हम वर्गीकृत कर सकते हैं उसी तरह से हम फैशन को इस्तेमाल करने वाले ग्राहक को भी वर्गीकृत कर सकते हैं। उसी वर्गीकरण को ध्यान में रखते हुए फैशन डिजाइनर फैशन का निर्माण करते हैं। अगर हम ध्यान पूर्वक फैशन साइकिल को निरीक्षण करते हैं तो हमें ध्यान से देखते हैं कि फैशन लीडर साइकिल के आरंभ में नई डिजाइन को खरीदते वह पहनते हैं और बाद में फैशन आम ग्राहक को खरीदने को उत्साहित करते हैं।

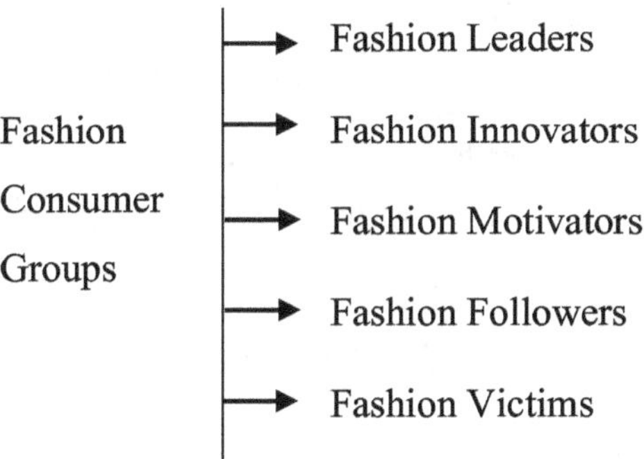

फैशन लीडर्स (Fashion Leaders) वह व्यक्ति जो सबसे पहले नए फैशन को देखते हैं और उस को अपनाते हैं उन व्यक्तियों को फैशन लीडर के रूप में जाना जाता है। वास्तव में यह वर्ग अपनी पसंद को लेकर काफी

आश्वस्त होते हैं और उनको किसी के पसंद या नापसंद की जरूरत भी नहीं होती है। एक अलग दिखने की चाह व आकर्षण के केंद्र मैं बना रहना ही उनका सबसे महत्वपूर्ण उद्देश्य होता है। वह व्यक्ति समाज के महत्वपूर्ण व्यक्ति होते हैं। चाहे नेता, अभिनेता या कोई भी सम्मानीय गण।

Fashion Innovators (फैशन इन्नोवेटर्स)

फैशन इन्नोवेटर्स वास्तव में फैशन लीडर ही होते हैं।

यह फैशन डिजाइनर हो सकते हैं जो अपने फैशन को लेकर एक विशेष सोच अथवा स्टायल को प्रस्तुत करते हैं। यह लोग लगातार विभिन्न रंगों, स्टाइल, फैब्रिक को लेकर नई खोज ही नहीं करते अपितु विभिन्न तरीकों से उन को नया रूप देने की कोशिश भी करते हैं। यह लोग एक छोटे बुटिक (boutique) से भी अपना ड्रेस खरीदते हैं तथा उसको एक नए रूप रंग में बदलते हैं अपने बारे में ही नहीं बाजार को लेकर भी उनको जागरूकता होती है।

काफी लगातार खरीद फ्रॉकत करने वाले व्यक्ति होते हैं मगर फैशन को लेकर उनकी सोच एकदम नई और ताजी होती है। जरा सी फैशन एक्सेसरीज़ को उसमें लगाना है या हटाने पर वह उसको एक नया रूप दे देते हैं। लोग उन व्यक्ति को "अवन्तगाड्रे" (avant garde) के नाम से जानते है । अवन्तगाड्रे फैन्च शब्द है जिसका अर्थ है समूह या मुखिया (Avant garde) (Ahead pack) इनका अपना एक स्टाइल होता है और वह स्टाइल वैसे ही काम करता है जैसे दाल में तड़का ।

Fashion Motivators

फैशन मोटीवेटर्स वह व्यक्ति है जिनका समाज में अपना नाम स्टेटस पैसा है रुतबा सब है और जिनके अंदर सामान्य व्यक्ति अपना रोल मॉडल ढूंढता है।

यह व्यक्ति किसी भी तरह के हो सकते हैं एक नामचीन खिलाड़ी, नेता, अभिनेता, मॉडल, राजनीतिज्ञ कोई भी। इनकी समाज में अपनी एक विशिष्ट शैली है और फैशन को लेकर अलग सोच है जो उन्हें परंपरावादी होते हुए भी एक अलग रूप देती है। यह व्यक्ति किसी भी आयोजन में उपस्थित होकर अपनी विशिष्ट शैली का आभास कराते हैं। सामान्य जनमानस उनकी इसी विशिष्ट शैली को अपनाने की कोशिश करता है। फैशन मोटिवेटेरस फैशन उद्योग एवं फैशन डिजाइनर को प्रेरणा के स्रोत है वह उनकी घुरी है जो उन्हें नया कुछ करने की राह दिखाते हैं। उनके फोटोस मूवीस या शोज़ जिनको देखने के पश्चात लोग उनको पसंद करते हैं वह वैसी ही स्टाइल को अपनाने की कोशिश करते हैं। यह style acessories हो या Hair Style (sadhna cut) या या फिर Dress कुछ भी हो सकता है।

Fashion Followers

फैशन फॉलोअर्स वह ग्रुप जो किसी भी स्टाइल को "फैड फैशन" या "क्लासि फैशन" में बदल सकता है। फैशन मोटीवेटर्स या फैशन लीडर्स से प्रभावित होकर जो सबसे पहले फैशन को अपनाता है वह फैशन फॉलोअर्स है। किसी भी देश की युवा शक्ति फैशन फॉलोअर्स में आती है। अपने-अपने रोल मॉडल को अपनाकर कुछ स्टाइल को वह काफी हद तक प्रसिद्ध कर देते हैं। उनकी सोच उनका स्टाइल उनका फैशन को लेकर दृष्टिकोण एवं उनकी प्रस्तुति सब कुछ उनकी पसंद या नापसंद से होती है। फैशन फॉलोअर्स, फैशन डिजाइनर का पहला लक्ष्य होता है वास्तव में वह डिजाइन उनको ही सोचकर बनाते हैं। मुख्यता जब वह प्रेट- ए- पॉटर की श्रृंखला में डिजाइन का निर्माण करते हैं।

Fashion victims

फैशन विक्टिम फैशन को अपनाने वालों की श्रृंखला में सबसे क्रूर रूप है। बिना सोचे समझे जब फैशन को अपनाया जाता है तो वह कलात्मक ना होकर विमत्स रूप धारण करता है। फैशन की नकारात्मक अभिव्यक्ति जिन व्यक्तियों के द्वारा होती है वह फैशन व्यक्ति विक्टिम कह लाते हैं। कुछ नया करने की चाह इन व्यक्तियों को उस श्रेणी में लेकर आती है। फैशन विक्टिम फैशन लीडर से बिल्कुल विपरीत है। दोनों ही फैशन में कुछ नया करना चाहते हैं पर एक की अभिव्यक्ति सकारात्मक है और दूसरे की अभिव्यक्ति नकारात्मक। अभी तक हमने फैशन के हर पहलू का ध्यानपूर्वक समझा है अब जब फैशन का इतना व्यापक रूप है तो दो बातें बहुत ही महत्वपूर्ण है जिन को समझे बगैर फैशन को समझना बहुत मुश्किल है। एक तो ग्राहक (customer) या सामान्य व्यक्ति अपने लिए कैसे फैशन का चुनाव कैसे करता है दूसरा एक फैशन डिजाइनर मार्केट के अनुरूप अपना नया डिजाइन कैसे बनाता है। दोनों ही चीजें एक दूसरे की पूरक हैं। आवश्यकता ही आविष्कार की जननी है। सबसे पहले यह समझते हैं कि सामान्य व्यक्ति अपने लिए वस्त्र का चुनाव कैसे करता है। प्राचीन सभ्यता की बात करें तो उस वक्त वस्त्र खरीदना एक विलासिता थी। समय समय की जरूरत पर ही (प्रारंभिक जरूरतों की श्रेणी में रखकर ही) हम वस्त्र खरीदते थे। उन उसमें चुनाव जैसी स्थिति नहीं थी। धीरे-धीरे वस्त्र का चुनाव सामुदायिक हो गया। एक कस्बा या एक प्रतिभाशाली खानदान अपने लिएएक रंग का चुनाव करता था। उसका एक स्टाइल होता था जिससे वह समाज में पहचाना जाता था। धीरे-धीरे व्यक्ति अपने लिए वस्त्र का चुनाव करने लगा उसकी फैशन को लेकर अपनी सोच हो गई.

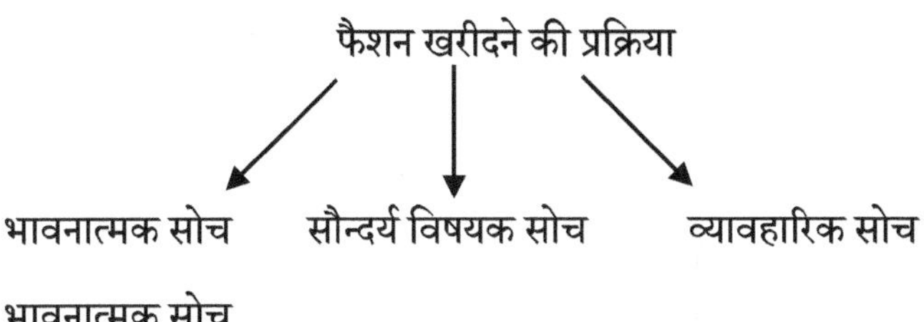

भावनात्मक सोच

जैसे-जैसे वस्त्र खरीदने की सोच या प्रेरणा बदलती गई वैसे-वैसे लोग वस्त्रों के चुनाव को ध्यान पूर्वक करने लगे जिससे उनकी भावना कुछ महत्वपूर्ण हो गई।

मनोवैज्ञानिक दृष्टिकोण से अगर यह समझा जाए तो फैशन को अपनाने की जरूरत काफी साफ तौर पर समझ आती है : -

1. समय के साथ फैशन बल दिखना वर्तमान समय में जो भी फैशन इस वक्त बाजार में उपलब्ध है उसी के अनुरूप अपने को तैयार करना तथा वह यह समझना कि हम फैशन की मुख्यधारा के साथ जुड़ चुके हैं।

2. आकर्षक दिखना व्यक्ति अपने आप को खूबसूरत दिखाना चाहता है और अपने आकर्षक व्यक्तित्व को भी प्रदर्शित करता है। इसीलिए भी वह वस्त्र खरीदता है।

3. अपने व्यक्तित्व की छाप-मानव एक सामाजिक प्राणी है। वह समाज में रहता है और उसी समाज में उत्कृष्ट प्रदर्शन कर के समाज में अपने नाम एवं शोहरत को बनाना चाहता है। अपनी एक सफलतम व्यक्तित्व को प्रदर्शित करने के लिए, अपने व्यक्तित्व को निखारने के लिए भी उत्तम वस्त्र को धारण करता है। महंगे उत्पादों को इस्तेमाल करके समाज में वह एक सफलतम व्यक्तित्व की छाप को छोड़ता है।

4. प्रशंसात्मक व्यवहार - अपने दोस्तों परिवार के सदस्य के द्वारा अपने दृष्टिकोण को लेकर प्रशंसा के भाव को आत्मसात करना भी इसी श्रेणी में आता है। हम में से प्रत्येक व्यक्ति अपनी सोच को लेकर काफी संकुचित होता है उसी दायरे में रहकर ही अपने लिए वस्त्र का चुनाव करता है तथा प्रशंसा पाने के लिए भी इच्छुक होता है। इससे महत्वपूर्ण बात यह है कि नए वस्त्र व्यक्ति को भावनात्मक सम्बल प्रदान करते हैं। उसमें एक आत्मविश्वास सकारात्मक सोच तथा फैशन को लेकर उसका व्यवहारिक ज्ञान उसमें एक जोश को लहर पैदा करता है।

2. सौंदर्य विषयक सोच

सौंदर्य विषयक सोच वास्तव में फैशन का एक मनुष्य तत्व है। यह सौंदर्य विश्लेषण ही फैशन को अपनाने की जिज्ञासा को पूर्ण करता है। वैसे तो इसमें काफी तत्व आते हैं मगर मुख्यता इसमें चार अवयव है। Color (रंग) फैशन में रंगों का महत्वपूर्ण योगदान है। फैशन की दुनिया में रंग अपना ही महत्व रखते हैं। सबसे पहले हमारा ध्यान रंग पर ही जाता है। यह भी सच है कि प्रत्येक व्यक्ति का रंगो का चुनाव अलग अलग होता है। एक डिज़ाइनर के लिए रंग अलग दृष्टिकोण रखता है डिजाइन को बनाते वक्त डिजाइनर रंगों के साथ खेलता है तथा अपने डिजाइन को प्रस्तुत करने में पूरा न्याय भी करता है। इसके विपरीत उपभोक्ता डिजाइन खरीदते वक्त ध्यान तो रंग पर देता है मगर उसको सोच में रंग वही है जो उसके वॉडरोब में नहीं है या जो रंग उस वर्तमान में प्रचलित है।

Texture टेक्सचर कपड़े को देखना और महसूस करने की (touch effect) प्रक्रिया टेक्स्चर है। टेक्स्चर डिजाइन बनाने में मुख्य भूमिका निभाते हैं। कपड़े की सतह चिकनी या खुरदरी और चमकीली या चमक रहित हो सकती है। सतह के अलग-अलग होने से डिजाइन का प्रभाव भी अलग

अलग होता है। टेक्सचर मुख्यता कपड़े की तकनीकी अवस्था की जानकारी उपभोक्ता को देते हैं। मुख्यता सर्दी में चिकनी एवं चमकीली और गर्मी में खुरदरी पारदर्शी एवं चमक रहित सतह ही जो ग्राहक ज्यादा पसंद करते हैं।

स्टाइल - स्टाइल के बारे में आरंभ में ही हमने काफी चर्चा की है। स्टाइल फैशन का मुख्य तत्व है जिसका फैशन पर प्रभाव पड़ता है। और इसका सीधा सीधा प्रभाव उपभोक्ता की पसंद पर पड़ता है। वर्तमान समय पर चलने वाला स्टाइल ही बाजार में प्रचलन में होता है।

Silhouette or line (सिलविट या लाइन) वस्त्र की बाहरी रूपरेखा जिसमें संपूर्ण डिजाइन की व्याख्या (detailing) होती है उसी से उपभोक्ता यह निर्णय लेता है कि अमुक वस्त्र का चुनाव करना चाहिए या नहीं। कोई वस्तु किसी व्यक्ति के अनुरूप होते हैं और कोई वस्तु किसी और व्यक्ति के। प्रचलित डिजाइन भी वस्त्र की silhoutte या line को निर्धारण करता है।

व्यवहारिक सोच (practical consideration) भावनात्मक सोच एवं सौंदर्य विषयक सोच अगर आपकी ठीक है तो भी वास्तव में व्यवहारिक सोच ही उत्पादक की बाजार value को निर्धारित करती है। इन सब में महत्वपूर्ण है। (Price) मूल्य - ग्राहक की सोच हमेशा से ही "सस्ता सुंदर एवं टिकाऊ" की परिभाषा पर ही आधारित है। उसे कम मूल्य में अच्छी उत्पाद चाहिए। निम्न मध्यमवर्गीय फैशन लगातार बदलता रहता है। बदलाव की परिस्थिति में ग्राहक को कम मूल्य में उच्च कोटि के उत्पाद के अपेक्षाएं रहती हैं। उस पर भी वह अपना भावनात्मक एवं सौंदर्य विषयक सोच को उस मूल्य में पूर्ण करने की सोचता है।

फिटिंग (Fitting) आज बाजार में रेडीमेड वस्त्रों का विशाल भंडार है। आपको अपने size के बारे में पूर्ण ज्ञान होना चाहिए। यह भी सच है कि sizing ठीक हो तो जरूरी नहीं कि आपको fitting भी ठीक हो। ऐसी

अवस्था में ग्राहक को यह जानना जरूरी है कि किस विशेष ब्रांड के वस्त्र का साइज उसे ठीक सेटिंग दे सकता है। ग्राहक उसी के अनुरूप ही वस्त्र खरीदता एवं पसंद करता है।

(comfort) आरामदायक - वस्त्रों का आरामदायक होना भी जरूरी है। सर्दी में गर्म एवं गर्मी के मौसम में ठंडक का एहसास दिलाने वाले वस्त्र आरामदायक वस्त्रों की सूची में आते हैं। मगर फैशन के लाखों प्रशंसक आरामदायक वस्त्रों की परिभाषा में है मौसम के अनुकूल पहनने वाले वस्त्र न होकर वह वस्त्र है जिसको पहनकर हम अपने दैनिक कार्य कलाप आराम से कर सके। वही आरामदायक वस्त्र है।

इन तीनों भावनात्मक सोच सौंदर्य विषयक सोच एवं व्यवहारिक सोच कि समाजस्यता ही ग्राहक को वस्त्र खरीदने में मदद करती है अब हम अपने दूसरे तथ्य के बारे में विस्तार पूर्वक जानने की कोशिश करते हैं कि “डिजाइनर मार्केट के अनुरूप अपने वस्त्र का डिजाइन कैसे करता है”।

वास्तव में डिजाइनर डिजाइन को बाजार में बनाने के लिए तीन प्रकार की प्रक्रिया में से एक का चुनाव करता है। एक तरीका उसका पारंपरिक तरीका है दूसरा उसके विपरीत एवं तीसरा समय के अनुकूल उसी वक्त फैशन का निर्माण करना। पारंपरिक तरीका (Traditional Fashion Adoption / Trickle down theory) ट्रिकल डाउन पारंपरिक तरीके डिजाइन को बाजार में उतारने का क्रमबद्ध श्रृंखला है वास्तव में यह थ्योरी पेरिस, मिलन एवं न्यूयॉर्क के डिजाइनर की देन है।

Reverse Adoption / Bottom Up theories)

द्वितीय विश्व युद्ध के पश्चात फैशन का दृष्टिकोण बदला गया।

फैशन एक व्यक्ति विशेष के लिए न रह कर सामान्य व्यक्ति की पसन्द एवं नापसंद को ध्यान में रखकर बनने लगे। ऐसी अवस्था में डिजाइनर आम

लोगों के बीच में रहकर ही डिजाइन, उनकी जरूरतों को ध्यान में रखकर बनाने लगे। इनकी प्रक्रिया परंपरागत तरीके से बनाने की प्रक्रिया से विपरीत है परंतु इसमें डिजाइनर को पक्का विश्वास होता है कि उसका डिजाइन बाजार में अपनी एक विशिष्ट स्थान बना लेगा।

वर्तमान समय में आप की विचारधारा काफी जल्दी और व्यापक रूप से अपना पहचान बनाने में सक्षम है। उसके लिए हमें आज के ई तकनीकी माध्यम को (Social Platform) धन्यवाद करना पड़ेगा। पहले की अपेक्षा जल्दी ही हमारा डिजाइन, पसंद, काफी तेजी से फैलती है तथा लोग पसंद

करते हैं। ग्राहक किसी भी एक माध्यम पर ही आश्रित नहीं है किसी भी डिजाइनर का डिजाइन किसी भी देश में लोकप्रिय हो। उसका Copied Design पूरे वर्ल्ड (world) में फैल जाता है। और उसका उत्पादन भी उसी तरीके से होता है। यह थ्योरी पूरी तरीके से मास प्रोडक्शन पर आधारित है।

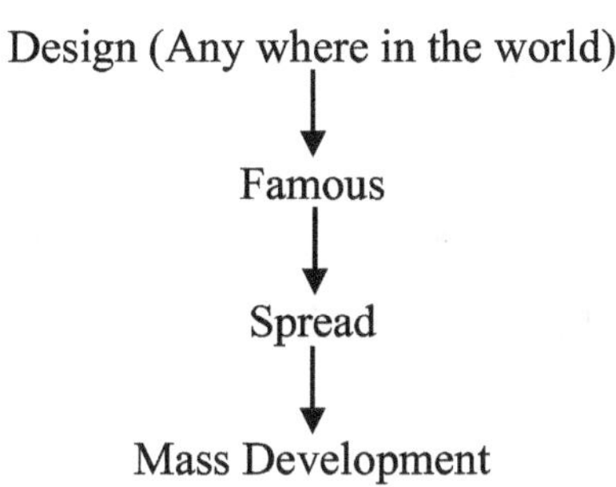

Clothing Categories (वस्त्रों के प्रकार) समाज स्त्री, पुरुष और बच्चों से मिल कर बना है। और सभी के वस्त्र काफी ज्यादा वर्गों में विभाजित है।

Women's Wear (स्त्रियों के वस्त्रों का वर्गीकरण)।

वस्त्रों का वर्गीकरण करने से पहले हमें कुछ term समझनी पड़ेगा सबसे पहले हमें Dress, Uniform और Style को समझते है।

Dress

Dress एक Single Garment है। जो (One Piece) पूरा एक वस्त्र, (two piece) द्विभाजित वस्त्र के रूप में या 3 हो सकता है। मगर उसकों पहना इकट्ठा ही जाता है।

Uniform

Uniform वस्त्र का वह रूप है जो एक कार्य करने के स्थान पर, फिर वो चाहे विधालय, कल कारखाना या ऑफिस ही क्यूँ न हों, समान दृष्टिकोण को व्यक्त करने के लिए प्रयोग की जाती है।

और स्टाइल के बारे में हम काफी बात कर चुके है।

Suits :- जो upper और Lower Torsso में अलग – अलग पहने जाते है जैसे skirt top या trousers shirt

Outer – उत्तरीय वस्त्र वह वस्त्र जो हम ऊपर से पहनते है हम इसको ऋतुओं के अनुरूप विभाजित कर सकते है।

ग्रीष्म – केप, डस्टर कोर्ट

शीत – ऊनी वस्त्र, स्वेटर, कोटी, टोपी मफ़लर

बरसात – रैन कोट, लागबूट

Sports wear – खेल के समय पहने जाने वस्त्र

Active wear – Active wear वस्त्रों की वह शृंखला है जिसमें हम आसानी से अपने सम्पूर्ण अंगों को हिला सकते, आगे पीछे कर सकते है। एक्सरसाइज़ करते वक्त, साइकलिंग करते वक्त हम ऐसे वस्त्रों को पहनते है।

Swim Wear – नाम से ही पता चलता है की तैराकी करते वक्त पहनने वाले वस्त्र

Sleep Wear – रात को सोते वक्त पहनने वाले वस्त्र

Lingerie या अंतर्वस्त्र :- अंदर पहनने वाले वस्त्र इस श्रेणी में आते है।

Accessories / Article – जैसे खाने के स्वाद को बड़ाने के लिए आचार चटनी व सलाद की जरूरत है वैसे ही किसी भी ड्रेस को चार चाँद लगाने के लिए article की जरूरत होती है। इस वर्ग में स्टॉल, (stole), घड़ी (watch), jewllery (जेवर), shoes (जूता) इत्यादि इसमें आते है।

Men's wear – पुरुषों के पहनने वाले वस्त्र भी काफी हद तक स्त्रियों के पहनने वाले वस्त्रों की तरह ही विभाजित होते है। और काफी ज्यादा उनके मूलभूत डिजाइन में समय – समय पर परिवर्तन हुए। पुरुष वर्ग अपने वस्त्रों में डिजाइन के साथ – साथ, कम्फर्ट (comfort), (quality) उसकी फिटिंग, और उसकी विश्वसनियता भी प्रभावित करती है।

Tailored

एक व्यक्ति अपने लिए अलग से कुछ भी चाहे वह कोट पैंट, शर्ट, नाइट सूट कुछ भी अपने रूचि के अनुसार अपने साइज के अनुरूप दर्जी से सिल्वाता है। वह इस श्रेणी में आते हैं।

M
E
N
S

Sports wear

खेल के समय पहनने वाले वस्त्र इसी श्रेणी में आते हैं। इसी श्रेणी को हम निम्न तरीके से विभाजित कर सकते हैं।

W   - Swim Wear

E   - Active Wear

A

R   - Out door sports wear

- Indoor sports wear

Working clothes / uniform कार्यस्थल पर पहनने वाले वस्त्रों की श्रृंखला

Accessories जैसे स्त्रियों के लिए वैसे ही पुरुष वर्ग में accessories की जरूरत है।

Children wear

बच्चों के पहनने वाले वस्त्र उम्र के अनुरूप हम बच्चों को पहनने वाले वस्त्र है।

O   -   I toddler

I   -   5 Kid's wear

5   -   12- Children wear

13   -   19 Teenage

0 – 1 Year मैं हम बालक व बालिका में वस्त्रों के डिजाइन को विभाजित नहीं करते परंतु उसके पास संपूर्ण डिजाइन बेबी टू बॉय, सेक्स के अनुरूप विभाजित हो जाता है। मगर वर्गीकरण दोनों का एक साथ ही होता है.

K   Sports wear

I   Swim wear

D
         Outer wear
S

         Sleep wear
W

E   Uniform

A   Accessories

R

अध्याय-2

फैशन टर्मोलोजी

- Acquainting with fashion terminology

- Fashion industry language guide

- Dictionary of fashion terms

फैशन टर्मिनालौजि क्या है?

(What is Fashion Terminology)

फैशन टर्मिनोलॉजी या फैशन शब्दावली इन शब्दों का समूह है जो इस व्यवसाय में या उसके प्रमुख चरण जैसे की डिजाइनिंग, कटिंग, स्टिचिंग में प्रयुक्त किए जाते हैं। यह शब्द इस व्यवसाय से जुड़े हर प्रमुख क्षेत्र और वह क्षेत्र देश या विदेश कहीं पर भी हो वहां लगातार प्रयुक्त किए जाते हैं। फैशन इंडस्ट्री में प्रयुक्त होने वाले अधिकतर शब्द फ्रेंच है क्योंकि सर्वप्रथम फैशन का विस्तार और उसको एक व्यवसाय के रूप में स्थापित करने में फ्रांस जर्मनी एवं पश्चिमी देशों का महत्वपूर्ण योगदान है इसीलिए इस व्यवसाय में अधिकतर शब्द एवं अंग्रेजी है। उन के बारे में संपूर्ण अर्थ को समझना जरूरी है प्रतिदिन हम फैशन के टर्म को इस्तेमाल करते हैं मगर उसमें से कई शब्दों का अर्थ नहीं समझ पाते इनमें से कुछ शब्द यह है।

फैशन टर्म की आवश्यकता

1.   कार्य को सफलतापूर्वक करने में सहायता

2.   समय की बचत

3.   आसानी से समझ में आना

4.   अपने कार्य के बारे में अधिक सुचारू रूप से बता पाना

5.   व्यवसाय में उन्हीं तकनीकी शब्दों का प्रयोग देश विदेश में होना

Avant Grade - एक फ्रेंच शब्द जो कि नए एवं आधुनिक डिजाइन के लिए उस समय में प्रयुक्त होने वाला शब्द accessories एक ऐसा शब्द है जो कि उन तत्वों के लिए इस्तेमाल किया जाता है जोकि कला की दृष्टि से एवं प्रयोग में आने वाली वह वस्तुएं जिससे कपड़ों में एक नया आयाम आता है यह ज्वैलरी, स्कार्फ Acid wash एक ऐसी कटनी की शैली जिसमें कपड़े के रंग को हल्का करने के लिए ब्लीच के मिश्रण में डाला जाता है।

Adaptation ऐसे वस्त्र जिन में डिजाइन दूसरे डिजाइन से समता रखता है मगर उसमें दूसरे से कुछ विषमता भी होती है।

Bridge Fashion : एक ऐसा फैशन की श्रृंखला जिसमें आम जनता के लिए कम डिटेलिंग के साथ तथा थोड़े सस्ते कपड़े में डिजाइन तैयार किया गया है।

Boutiques - फ्रेंच शब्द जिसका अर्थ है एक छोटी दुकान जिसमें उस समय के तैयार एवं आधुनिक वस्त्र, ग्राहक की पसंद के साथ साथ डिजाइन देगा का भी ध्यान रखते हैं इसमें कच्चा माल भी उपलब्ध है चाहे कपड़ा, बटन, डिजाइन एवं उसके साथ की ज्वेलरी भी.

Balance संतुलन जिसमें एक दाएं तरफ बाएं तरफ के बराबर है।

फैशन में संतुलन का अर्थ है कपड़े या वस्त्र का संतुलन डिजाइन से, डिजाइन का संतुलन उस वस्तु को पहनने वाले ग्राहक का संतुलन, स्टाइल या मेकअप और accessories का संतुलन।

Clothes एक शब्द जो कि सामूहिक रूप में सिले सिलाए वस्त्रों के लिए इस्तेमाल होता है। यह वस्त्र पूरे समुदाय के लिए है चाहे पुरुष या स्त्री या बच्चे सब के वस्त्रों के लिए उपयुक्त होता है।

Costumes

यह शब्द उसके लिए इस्तेमाल किया जाता है जो कि एक काल में उपयुक्त होने वाले वस्त्रों के लिए इस्तेमाल होते हैं। इसके अंदर वस्त्रों के साथ-साथ उस में इस्तेमाल होने वाली आर्टिकल और एक्सेसरीज भी आती है।

Color कलर एक ऐसा तत्व जिसमें प्रकाश की किरण से उत्पन्न विभिन्न रंगों का चित्रण है। एक दृष्टि भ्रम जोकि इंद्रधनुष से उत्पन्न होता है तथा अपने अपने चक्र में विभिन्न रंगों का आयाम होता है।

Color wheel रंगों का एक ऐसा गोलाकार व्यवस्थित रूप जिसमें आपको उनके आपस में रिश्तो के बारे में पता चलता है। सिम के (cmk) में प्राथमिक रंगों की व्यवस्था तथा उसके बाद आपस में उनका अद्भुत रिश्ता। Cat Walk एक ऐसा मंच जिसमें मॉडल, एक विशेष डिज़ाइनर के वस्त्रों को दिखाता जाता है।

Design – एक मौलिक अभिव्यक्ति जिसको द्वि आयामी (Flat Sketch) के माध्यम से बताया जाता है।

Designer : - डिजाइन को बनाने वाला कलाकार

Draping :- वस्त्रों को लपेटने की प्राचीन कला

Design Element :- फैशन के वो तत्व जो की फैशन के लिए अनिवार्य है टेक्सचर, कलर एवं शैप।

Double Denim Trend : - यह एक ऐसा स्टाइल है जिसमें एक समय में एक ही क्लोदिंग हो जैसे डेनिम jacket एवं डेनिम जीन्स।

Elegant Dressing Style – एक नोबल ड्रेस की सोच

Ensemble – एक ऐसी ड्रेस जो की समजस्यतापूर्वक पहनी जाती है।

Ethnic – सांस्कृतिक वस्त्रों की अभिव्यक्ति

Cad कंप्युटर एडिड (computer aided) डिजाइन

Cam कंप्युटर ऐडिड मैन्यफैक्चरिंग

Fashion फैशन एक लगातार बदलने वाली प्रक्रिया जिसमें एक स्टाइल जो की सामाजिक, आर्थिक, राजनैतिक एवं भौगोलोक तत्वों से प्रभावित है तथा एक डिजाइनर की विशेष सोच को अवगत कराता है।

Fabric Swatches छोटे – 2 वस्त्रों के टुकड़े जो की सैम्पल की तरह इस्तेमाल की जाती है।

Fabric Finishes – ऐसी तकनीकी शैली जिसमें कपड़ा एक ऐसी शृंखला बद्ध तरीका, जिसमें वस्त्र की उपयोगिता एवं कलात्मक तरिके से अभिभूत किया जाता है।

Fashion Capitals - फैशन के लिए मशहूर राज्य न्यू यॉर्क, लंदन, टोक्यो, बर्लिन एवं लॉस एंजल्स।

Fashion Cycle एक फैशन स्टाइल जिसमें फैशन के उतराव व चड़ाव की कहानी

Fashion Forecast एक पद्धति जिसमें आने वाले फैशन के बारे में विज्ञानिक तरीके से बताना

Gradation एक रंग के विभिन्न शैड।

Greek Chic एक ऐसा स्टाइल जो की प्रोफेशनल या तकनीकी क्षेत्र में कार्य करने वाले सभी पुरुषों एवं स्त्री के लिए प्रयुक्त किया जाता है।

Habevdashery :- पुरुषों के वस्त्रों को सिलते वक्त, प्रयोग में आने वाली वस्तुए जैसे बंटन, जीप्पर

Hand of a Fabric – फैब्रिक को महसूस करना

Hippie Style – एक ऐसा अनोखा फैशन स्टाइल जो समाज में चल रहे फैशन को नक-कार कर कुछ अनोखा प्रस्तुत करते है। 60-70 के दशक में फैशन की परिभाषा ही बदल दी।

Hour glass figure – एक महिला बॉडी शैप जिसमें कमर अपेक्षाकृत काफी पतली है तथा हिप एवं वक्ष (bust) अनुपातिक रूप में ज्यादा है। मर्लिन मुनरों इसका महत्वपूर्ण उदाहरण है।

House – फैशन की दुनिया में फैशन हाउस उस कंपनी के लिए प्रयोग किया जाता है जो उस फैशन को बाजार में व्यवस्थित करती है।

Knock off एक महंगे डिजाइन स्टाइल की सस्ती कॉपी तैयार करना

Layered Style एक ऐसा स्टाइल जिसमें एक के ऊपर एक, अनेक वस्त्रों को पहन जाता है। प्राचीनतम वस्त्रों को प्रस्तुत करने की कला।

Line – एक सामूहिक वस्त्रों का प्रदर्शन जो की एक विशेष ऋतु के लिए तैयार किया जाता है।

Melange एक फैशन जिसमें बहुत सारे स्टाइल को एक समतल रंग (Solid Colour) के साथ प्रस्तुत किया जाता है।

Mood Board एक 2d या 3d (Physical / digital) डिजाइन का समूह जिसमें डिजाइनर अपने विचारों को प्रकट करते है।

Motife रेखा एवं बिन्दु से मिलकर अपनी पहली फैशन डीटेल की व्याख्या करना।

Pantone रंगों की एक ऐसी व्यवस्था जिसमें रंगों को cmyk की पद्धति के द्वारा तैयार किया जाता है। इसमें मुख्यत: स्याही (ink) एवं डाई (dyes) का इस्तेमाल होता है। कपड़ों की छपाई एवं रंगाई के लिए मुख्यत: प्रयोग किया जाता है।

Pattern :- एक गाइड लाइन जो की गार्मन्ट के लिए प्रयोग की जाती है।

Pink Style 1970 के दशक में पश्चिमी देशों मे होने वाले संगीत के कार्य क्रमों में, आकर्षित एवं उसमें पहनने वाले वस्त्रों से प्रभावित होकर बनाए गए डिजाइन। जिसमें मुख्यत: लैदर, जैकिट, ब्लैक, मेटल, ज्वेलरी, मुख्य थे।

Reversible clothing – वस्त्रों की वह शृंखला जिनको दोनों तरफ से प्रयोग किया जाता है।

Sample डिजाइनर वस्त्रों की शृंखला में वो तैयार वस्त्र, जो की मर्चन्डाइज़र एवं फैशन विशेषज्ञों को दिखाया जाता है।

Silhouette फ्रेंच शब्द फैशन की दुनिया में प्रमुख रूप से प्रयोग किया जाता है। मुख्यत: वस्त्रों की बाहरी शैप को व्यक्त करने के लिए प्रयोग किया जाता है।

Selvedge कपड़ों का लंबाई मे दी गई किनारों जिससे कपड़ों के सीधा या उलटा होने का पता चलता है।

Tailor माप दंडों को ध्यान में रख कर जो वस्त्रों को सिलता है।

Theme किसी भी डिजाइन को बनाने के पीछे प्रयोग होने वाली विचार धारा

Toile सबसे पहला डिजाइन जो की उम्मी पर पहना कर दिखाया जाता है। मुख्यत: सबसे पहले कपड़े पर उस डिजाइन को बनाया जाता है। फैशन को बाजार में व्यवस्थित करती है।

Knock off – एक महंगे डिजाइन स्टाइल की सस्ती कॉपी तैयार करना

Layered style – एक ऐसा स्टाइल जिसमें एक के ऊपर एक अनेक वस्त्रों को पहना जाता है। प्राचीनतम वस्त्रों को प्रस्तुत करने की कला।

Line – एक सामूहिक वस्त्रों का प्रदर्शन जो की एक विशेष ऋतु के लिए तैयार किया जाता है।

Trunk Show – डिजाइनर के बनाए गए सामूहिक वस्त्रों का प्रदर्शन।

Unisex Style – पुरुष और महिला दोनों में समान रूप से प्रयोग में आने वाले वस्त्र

Uti Litarian Clothing वह वस्त्र जो कलात्मक दृष्टि से कम, काम करने के लिए ज्यादा आरामदय होते है या उनका उस समय पर होना ज्यादा उपयुक्त होता है जैसे Rain Coat?

Vintage – कपड़े जो भूतकाल से प्रभावित है। भूतकाल में अपने समय के प्रसिद्ध वस्त्रों की शृंखला।

Warp & Weft – ताना बाना कपड़ों की बिनाई के समय धागों का ताना बाना, जिससे उत्तम वस्त्र तैयार हो सके।

अध्याय-3

फैशन इलस्ट्रेशन

- Defination

- Importance & role of fashion illustration in today's competitive world.

- Methods & their application चित्रण या दृष्टायन वास्तव में (illustration) दो शब्दों से मिल कर बना है।

Illus + tration – Illus एक फ्रेंच शब्द है जिसका अर्थ है दृष्टांत और tration का मतलब व्याख्या। वास्तव में यह एक व्यापक शब्द है। जिसका उपयोग हम कला के हर क्षेत्र में करते है चाहे वह गध हो, पद्ध हो, काव्य या मूर्ति कला। वास्तव में 'चित्रण या दृष्टायन' रेखांकन चित्रकारी, छायांकन या कला के अन्य कार्यों के रूप में प्रस्तुति, मानसदर्शन (Visualization) का एक रूप है, जिसमें दृश्य प्रस्तुति देकर केन्द्रीय जानकारी की स्पष्ट व्याख्या की जाती है"।

इसका अर्थ हुआ की –

- कोई भी चित्र या डाईग्राम जिससे केन्द्रीय अर्थ को सरलता से समझ सके तथा देखने में आकर्षक हो।

- कोई भी उदाहरण

- उस समय काल के बारे में सरलता पूर्वक समझा जा सके।

- उसे शानदार बनाने की सम्पूर्ण प्रक्रिया। सबसे महत्वपूर्ण तथ्य की हम उपरोक्त चित्रण में बिन्दु- बिन्दु की व्याख्या करते है।

अब प्रश्न यह उठता है की फैशन में illustration क्या है।

"What is illustration in Fashion"

फैशन में चित्रण चित्रकारी या कलाकारी या छायांकन के द्वारा करते है। मुख्यत: फैशन दृष्टांत किसी भी प्रसिद्ध पत्रिका में उपस्थित छायांकन वो चाहे किसी, बूटीक या फैशन डिजाइनर या कोई उत्कृष्ट परिधान जो की उस कार्य को बड़ावा देने की दृष्टि से ही क्यूँ न हो उसके रूपांतर को फैशन चित्रण कहा जाता है।

जैसे – जैसे वस्त्रों को बनाने और उसको कला का रूप देने की जिज्ञासा बड़ी वैसे ही उस सोच को रूपांतरित करना महत्वपूर्ण हो गया। और उसी समय फैशन दृष्टांत का जन्म हुआ।

एक समय के पश्चात फैशन दृष्टांत कला की श्रेणी के अंतर्गत आ गया। और फैशन समीक्षकों का मानना है की फैशन चित्रण एक दृश्य विलासिता है। बहुत सारी कंपनिया जो की मुख्यत: United स्टेट्स में है वो फैशन चित्रण को कला का रूप देने के लिए, कला की सभी पुकार एवं साथ ही उसमें प्रयोग होने वाले सभी संस्थानों का उपयोग अपनी डिजाइन के अनुरूप करती है। 16 वी शताब्दी के अंत तक सारे कास्टूम (Costume) पूरे यूरोप में फैशन दृष्टांत के अंतर्गत आते थे, और इसी संदर्भ में 17 वी शताब्दी के आरंभ में प्रसिद्ध फैशन चित्रण उस वक्त की मशहूर पत्रिका में प्रकाशित होने लगे।

18 वी शताब्दी तक इस तरह के चित्रण काफी विख्यात हो गए और फैशन डिजाइनर अपने नए चित्रण को प्रकाशित करने लगे। इस तरह से प्रकाशित

चित्र समाज में उपस्थित विभिन्न फैशन ग्रुपों को आकर्षित करने लगे और उनकी लोकप्रियता का दायरा भी बड़ने लगा। यह सच है की फैशन दृष्टांत (Illustration) 16, 18 वीं शताब्दी में अपनी चरम अवस्था पर या परंतु उसमें बदलाव (ix) नौवी शताब्दी से आना शुरू होगा था।

क्लासिक फैशन वह फैशन स्टाइल जो काफी सीजन में अपनी पहचान को बनाए रखता है, यहीं नहीं उस वक्त के दृष्टांत चित्रकार जैसे चार्ल्स (Charles) डायना (Diana) या पॉल पार्ड (Paul Paried) ने फैशन दृष्टांत को एक अलग ही मुकाम दी। फैशन दृष्टांत में विज्ञापन जो की फोटोग्राफी के द्वारा होते थे उन्होंने फैशन दृष्टांत में कार्य करने का आधार ही बदल दिया। बहुत सारे फैशन डिजाइनर ने फैशन दृष्टांत के लिए अलग से फैशन चित्रकार (Illustrator) को नियुक्त करना आरंभ कर दिया। यह चित्रकार, डिजाइनर के द्वारा बनाए गए वस्त्रों की रूप रेखा इतनी बारीकी से चित्रण करते थे, उनको खरीदने के लिए (Buyer) बायर अपनी दिलचस्पी दिखाते थे। वास्तविकता में फैशन फोटोग्राफी से ज्यादा फैशन चित्रकारों के द्वारा बनये गये फैशन चित्रण काफी लोकप्रिय होने का मुख्य कारण उनके द्वारा बनाए गए चित्रों की बारीकिया थी। धीरे – धीरे फैशन दृष्टनतों ने अपने लिए एक मुख्य स्थान की प्राप्ति कर ली जहां पर वह बायर के साथ – साथ, अपने उत्पादों के द्वारा उपभोक्ताओं को भी आकर्षित करने में सफल रहे। क्या फैशन दृष्टांत इतना ही है? नहीं यह एक असीमित कार्य शैली है। इसको हम मुख्यत: दो तरीके से समझ सकते है। एक वह जो उसमें दिखाया जा रहा है दूसरा वह की अमुक चित्रण कैसे किया गया। विषय के अनुरूप हम फैशन दृष्टांत को तीन भागों में विभाजित कर सकते है।

1. Sensualists – इस शृंखला में वह चित्रकार आते है जो पारंपरिक तरीकों से कार्य करते है तथा उस कार्ये में प्रयुक्त माल (material) भी पारंपरिक तरीकों से इस्तेमाल करते है।

2. Techno crafts – नाम से ही समझ आ रहा है की इस शृंखला में सभी दृष्टांत व्याख्याता (Fashion Illustrator) डिजिटल तरीकों से फैशन दृष्टांत की व्याख्या करते है इसके लिए कंप्युटर पर बहुत सारी app जैसे coral, photoshop का प्रयोग करते है। (Technocraft) टेकनोक्राफ्ट, Photographer (फोटोग्राफर) से भिन्न होते है।

3. Gammies & Sophisticates – इस शृंखला में पारंपरिक तरीकों में थोड़ा हास्य या व्यंग्य का समावेश कर के प्रस्तुत किया जाता है।

फैशन दृष्टांत एक दृश्य रूप में फैशन विचारों को सप्रेषित करने की कला है जो चित्रण, ड्रॉइंग एवं पेंटिंग के साथ उत्पन्न होती है। फैशन चित्रण एक कलात्मक अभिव्यक्ति है जिसमें प्रकाशन के उद्देश्य से फैशन के कपड़े के लिए ड्रॉइंग डिजाइन शामिल है, न केवल फैशन चित्रण एक परिधान का प्रतिनिधित्व करते है बल्कि उसको कला के रूप में भी स्थापित करते है।

फैशन दृष्टांत की महत्त्वता

Importance of Fashion Illustration – फैशन दृष्टांत अपने आप में काफी महत्वपूर्ण है। मानव के महत्वपूर्ण कार्य कलापों का कलात्मक रूप से चित्रण और उसमे भी प्रमुखता से फैशन के तथ्यों को उजागर करना। फैशन चित्रण आपकी भावनाओं, आपकी सोच और उस सोच को लेकर आपकी जागरूकता इन सबका चित्रण है। जिसमें आपको कल्पना और सोच का मिश्रण है। मगर इन सबसे ज्यादा महत्वपूर्ण होता है। उस व्यक्ति के द्वारा पहने गए परिधान। वो परिधान जिनको कलात्मक रूप से अभी चिन्हित किया

जाता है। जरूरी नही की उस चित्रण में काफी बारीकिया हो मगर वो हमे उस डिजाइन का आभास देते है। यह पूर्ण रूप से कला का प्रदर्शन है जिसमें एक तरफ आकांक्षाएं है और दूसरी तरफ मानव की लालसा एवं विलासिता। वास्तव में इस कला में पूरे युग की विवेचना है। एक तरिके से यह डिजाइनर, उसकी सोच और उसको मूर्त रूप देने के बीच की शृंखला या पुल है।

एक दृष्टांत व्याख्या काफी हद तक एक डिजाइनर की सोच और उस की कलात्मक अभिरूचि को समझता है एवं उसे कागज पर उतारने की क्षमता रखता है। मगर हाँ यह ही सच है की फैशन व्याख्यात: के पास आखिरी वक्त तक उस ड्रेस या डिजाइन को लेकर डिजाइनर की छोटे से छोटी सोच की जानकारी है। इसी के आधार पर वह एक सफल डिजाइन का दृष्टांत बना सकता है।

1. **सोच को मूर्तरूप देना (Visualization of Ideas)** फैशन दृष्टांत वास्तव मे डिजाइन को मूर्त रूप से प्रस्तुत करना है। यह डिजाइनर की सोच को वास्तविक रूप से प्रदर्शित करता तथा उसकी एक – एक बारीकी जिसको भी डिजाइनर दिखाना चाहता है वो सब पूर्ण रूप से दिखाया जाता है। वह वास्तव में डिजाइनर के प्लान एवं उसकी कार्यशैली के बारे में पता चलता है। बगैर चित्रकला के डिजाइनर को अपनी सोच को समाज के सामने लाना मुश्किल होता।

2. **न्यू ट्रेंड को शुरू करने में मदद Helps in Starting a new trend** डिजाइनर वो ही डिजाइन बनाता है जो वो बनाना चाहता है। डिजाइनर ही बाजार के अनुरूप डिजाइन को तैयार करता है। डिजाइनर अपने डिजाइन को पेपर पर बनाता है और अपनी सोच व स्टाइल के अनुसार उसका रंग रूप तैयार करता है। तथा एक सूची बनाता है कि उसको उस स्टाइल के अनुसार कितने व कौन से वस्तुओं की जरूरत

होगी। फैशन दृष्टांत में डिजाइनर अपनी सोच व स्टाइल को पारंपरिक डिजाइन को एक अलग मूर्त रूप देने में भी मदद करता है। ऐसा सोचा जा सकता है की डिजाइनर सबसे पहले डिजाइन सोचता है फिर उसको कार्यान्वित करते है फिर दुबारा से रि – डिजाइन करते है फिर उसको मूर्त रूप दिया जाता है । यह प्रक्रिया तब तक चलती है जब तक डिजाइन डिजाइनर की सोच के अनुरूप तैयार नहीं हो जाता।

3. **फैशन दृष्टांत डिजाइन की प्रथम झलक (illustration is the first face)** सब कुछ फैशन से आरंभ होता है। और उस पर भी फैशन उद्योग में हर कार्य का आरंभ फैशन दृष्टांत (Fashion Illustration) से। डिजाइनर की प्रथम सोच, सोच की अभिव्यक्ति कल्पना, संवेदना और उन सबका भाव सब का मिला जुला मिश्रण हमें फैशन दृष्टांत से मिलता है। दृष्टांत की उस प्रथम छाया से फैशन खरीददार (Fashion buyer) को उस कास्टूम के बारे में पता चलता है और उसको लेने का निर्णय वह उस छाया चित्र को देख कर लगाते है। हर डिजाइनर का अपना एक अलग स्टाइल होता है जो उस डिजाइन में एक आकर्षण पैदा करता है। छायाचित्र से ट्रॉली (पहली पोशाक) तक के सफर में फैशन दृष्टांत एक महत्वपूर्ण कड़ी है।

4. **उपभोक्ताओं को आकर्षित करना Attracts new customer –** क्रय – विक्रय की दृष्टि से फैशन दृष्टांत अपने आप में एक महत्वपूर्ण भूमिका तय करते है। इन्ही छाया चित्रों को देख कर एक डिजाइनर के कार्यों का बाजार तय होता है। इस पूरे बाजार में कुछ नए तो कुछ पुराने ग्राहक होते है। यह पहली झलक फैशन खरीददारें को क्रय – विक्रय करने में मदद करती है। बाजार की पकड़ और उस पर उनकी (डिजाइनर) की पैनी नजर इन्ही दृष्टानर्तों से ही पता चलती है।

5. **डिजाइनर की कल्पनाशीलता एवं उसकी योग्यताए – Helps in show casing the creativity of Designer** – हर डिजाइनर के काम करने और उसके प्रस्तुतीकरण का तरीका अलग अलग होता है। जिंदगी के बढ़ते सारे उतार-चढ़ाव से हर डिज़ाइनर कुछ अलग अलग ग्रहण करता है। वह काफी कुछ देखता व समझता है। उसकी यही सोच उसके बनाए गए डिजाइन में हमें नजर आती है। हर डिजाइनर अपने आप में अद्भुत है उसकी सोच दूसरे से अलग है। उसकी कल्पना दूसरे से अलग है। यही सब वह अपने फैशन दृष्टांत में दिखाता है। फैशन दृष्टानतों को बनाने व उस का प्रस्तुतीकरण भी अलग अलग तरीके से किया जाता है। उसी से उसके बारे में पता चलता है। यहां तक की कल्पना से अंतिम प्रस्तुतीकरण तक के बारे में भी, बाजार में उपस्थित उपभोक्ताओं को सब कुछ पता चलता है।

6. **फैशन दृष्टान्त एक ऐतिहासिक दस्तावेज (Fashion illustration is a Historical Evidence)**

पुराने चित्र कलाओं का संग्रह एक ऐतिहासिक धरोहर है । वो चाहे अकबरनामा हो या राजपूताना, चित्रकला या पहाड़ी चित्र इन सभी चित्रकलाओं से हमें तत्कालीन समाज के दर्शन होते हैं। उनके वस्त्र ज्वेलरी या मेकअप और उसको पहनने एवं बनाने तक की कला के दर्शन हमें उन चित्रों से होते हैं। वह एक ऐसा संग्रह है जिससे हमें तत्कालीन फैशन के बारे में पता चलता है। इन्हीं फैशन संग्रह से ही हमारे नए फैशन का निर्माण होता है हमारी कल्पना उस समय के छाया चित्रों को देखकर ज्यादा ज्वलंत हो जाती है। और हम आने वाले फैशन की भविष्यवाणी भी कर देते हैं।

सामान्य तथ्य (Common Key Point)

फैशन दृष्टांत का माध्यम कुछ भी ना हो सकता। फैशन डिज़ाइनर अपने डिजाइन के अनुसार माध्यम का चुनाव करते हैं मगर सभी माध्यमों में फैशन दृष्टांत के मूलभूत तत्व सामान्य है।

1. फैशन दृष्टांत फैशन के साथ हमारी मूक विचारोक्ति है जिसे हम रंग ब्रश पेंसिल के माध्यम से कागज पर बनाते हैं।

2.फैशन दृष्टांत कला के द्वारा कपड़ों के टेक्सचर और रंग को एक कोमल एहसास उत्पन्न करते हैं।

3. एक फैशन डिजाइनर की यह एक फैशन को लेकर मूक अभिव्यक्ति है।

4. फैशन दृष्टांत तकरीबन 500-1000 वर्ष तक के हमारे पास मौजूद है।

5. उपभोक्ता फैशन दृष्टांत को लेकर काफी जागरूक एवं रोचक दृष्टि रखता है क्योंकि रंगो एवं अपने स्टाइल के माध्यम से यह एक अनबूक आकर्षण पैदा करते हैं।

6. जब कभी फैशन डिजाइनर अपने फैशन को लेकर अपनी मौलिक अभिव्यक्ति प्रकट करना चाहते हैं। तो फैशन दृष्टांत उनको प्रकट करने का एक महत्वपूर्ण हथियार होता है।

7. 1930 के बाद फैशन दृष्टांत अपने जीवन के निम्न पायदान पर आ गया मगर Vague Magzine की छाया चित्रों मे इसको एक नया जीवनदान दिया।

8. आज फैशन दृष्टांत फैशन कम्युनिकेशन का एक प्रमुख अंग है।

फैशन दृष्टांत की अभिव्यक्ति

Methods & their application

कला के जितने भी माध्यम है उतने ही तरीके से हम फैशन दृष्टांत को अभिव्यक्त कर सकते हैं रंगों के माध्यम से विभिन्न तरीके से हम अपने भावों विचारों को व्यक्त कर सकते हैं। जो भी स्टाइल फैब्रिक कलर मौसम हम सब कुछ कला दृष्टांत में अभिव्यक्त करते हैं। मानस की रचना जिसे फैशन संसार में क्रोकी (Crockie) कहा जाता है। उस पर हम कपड़ों को अपने डिजाइन के अनुसार अलंकृत करते हैं। वस्त्रों को हम दो तरीके से दिखाते हैं।

1. Drapping लपेटना

2. Dresses सिले सिलाये वस्त्र

इसका अर्थ यह हुआ कि फैशन इलस्ट्रैशन को बनाते समय हम तत्व (element) और सिद्धांत (Principles) का ध्यान रखते है।

Element (तत्व) किसी भी कला को बनाते समय तत्व एक महत्वपूर्ण भूमिका निभाते है। और वो भूमिका ही उस कला कृति के बनाने और उसकी बुलंदियों पर पहुचने के लिए ही उत्तरदायी होती है। फिर वह कला चाहे किसी भी माध्यम में बनाई गई है।

1. **Space** – स्थान, प्रसार, फैलाव कुछ भी जो हम कला को बनाते वक्त ध्यानपूर्वक उसका अनुमान लगते है। स्थान या प्रसार मुख्यत: दो श्रेणी में आते है। नकारात्मक (Negative) सकारात्मक (Positive) नकारात्मक एवं सकारात्मक के सही नाप तौल से ही एक डिजाइन सफल बनता है। मूलत: दोनों ही एक दूसरे के पूरक है।

2. **Line (रेखा)** लाइन एक महत्वपूर्ण एवं मुख्य प्राथमिक तत्व है। बिन्दुओं के प्रसार से रेखा का निर्माण होता है। और रेखाओं के मिलन से डिजाइन एक मूर्त रूप लेता है।

3. **Shape :- Shape (आकार)** वास्तव में वो स्थान है। जो लाइन से मिलकर बना होता है। मुख्यत: आकार एक Flat Sketch होता है। या कह सकते है कि आयामी होता है। यह ज्यामितिए (Geomaterical), जैविक (Organic) भी हो सकता है।

4. **Colour (रंग) -** रंग कला में दिखाए गए भावों को व्यक्त करने का एक महत्वपूर्ण स्रोत है। एक अच्छे रंगों की योजना कलाकृति को एक उत्कृष्ट आयाम देती हैं। रंगों का चुनाव हर कलाकार अपने पसंद एवं कृति की जरूरत को ध्यान में रखकर करता है। वास्तव में रंग एक विलासिक दृष्टि भ्रम उत्पन्न करते हैं क्योंकि प्रकाश रेखा से उत्पन्न रंग हर सतह पर अलग-अलग दृष्टिगोचर होते हैं।

5. **Texture** बनावट वास्तव में टेक्स्चर या बनावट वह है जिनसे मिलकर वह कलाकृति बनी है रंग, फैब्रिक। फैशन की दुनिया में टेक्स्चर दो तरह के होते हैं।

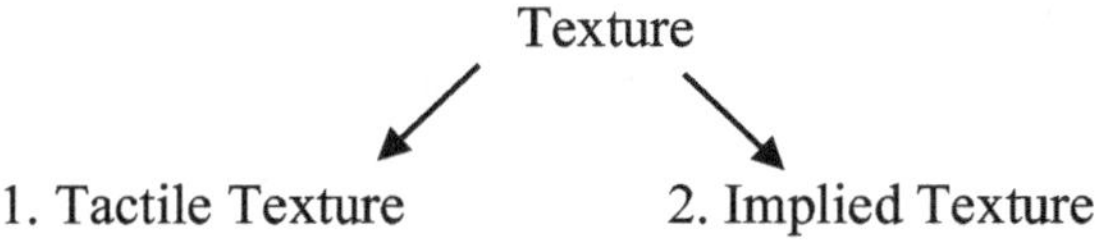

1. Tactile Texture – वो टेक्स्चर जो वास्तविक होते है तथा उसकी धरातल को छूने की अनुभूति वास्तविक होती है।

2. Implied Texture :- वो वास्तव में वास्तविक नहीं होते पर हमे उनकी अनुभूति वैसे ही होती है।

6. **Form (विधि)** – किसी चीज को बनाना या गठित करना। किसी भी डिजाइन का बुनियादी या मूलभूत ढ़ाचा फार्म है। यह भी कोनिय होता है जिसमें ऊपर से नीचे (ऊँचाई) सतह से सतह (side to side) चौड़ाई तथा गहराई (Back to Back) (depth) के द्वारा नापा जा सकता है। इसको हल्के (light) एवं गहरे (dark) रंगों के द्वारा दर्शाया जा सकता है। मुख्यत: form दो तरीकों से दिखाया जा सकता है या तो ज्यामितिए (Geomaterial) या फिर organic (जैविक) या प्राकृतिक । इसको अधिक सुंदर बनाने के लिए विभिन्न रंगों टेक्स्चर एवं शैड एवं टोंन प्रयोग किया जा सकता है।

7. **Value** – वैल्यू एक कला का तत्व है । सतह या धरातल (surface) पर उत्पन्न लाइट एवं डार्क रंगों के संबंधों से जो कला में विविधता का आभास होता है वो ही वैल्यू है। इन सब में टेक्स्चर का अपना योगदान होता है।

Principles सिद्धांत

एक या उससे अधिक तत्वों या सिद्धांतों का उपयोग करके, एक सिद्धांतिक रूप से तैयार ही डिजाइन है। एक सफल दृश्य रचना को तैयार करने के लिए तत्व एवं सिद्धांतों के बारे में जानना अत्यंत आवश्यक है। यह सिद्धांत कला के हर क्षेत्र चाहे वह ग्राफिक डिजाइन (graphic design), आर्किटेक्चर (Architecture) या फिर Fine Art में विधमान है।

आधुनिक डिजाइन को सोचते व समझते हुए अचानक से यह महसूस होता है की डिजाइन के सिद्धांत काफी ज्यादा एक दूसरे से भिन्न है तथा उनका यह विभिन्नता विचारों से लेकर डिजाइन के बनने तक में महसूस होती है। वास्तविकता यह है की तत्वों के आपस का समीकरण और उनकों नीतिबद्ध तरीके से कार्यनवित होते के सभी चरणों में हमें सिद्धांतों की प्रमुखता समझ

आती है। एक सफफल डिजाइन वही है जिसमें तत्व व सिद्धांत पूरे तालमेल के साथ प्रस्तुत किये जाए एवं साथ में डिजाइनर के डिजाइन एवं उसकी सोच का प्रस्तुतीकरण भी काफी सशक्त रूप से हो। सिद्धांतों का प्रस्तुतीकरण किस तरीके से करना है। इसके लिए कोई भी वैधानिक प्रस्तुतीकरन नहीं है। यह सब कुछ डिजाइनर पर निर्भर करता है वह किस स्केल पर परपोरशन (Perportion) को किस डिग्री पर हारमानी (Harmony) को कार्यनवित करता है यह भी हो सकता है की इन सब के साथ वह किसी और सिद्धांत का भी इस्तेमाल करे।

मुख्य सिद्धांत

1. Unity – यूनिटी अर्थ है एकता कला के क्षेत्र में इस यूनिटी या एकता से तात्पर्य उस सम्पूर्ण कलाकृति के लिए है जिसको बनाने में व उस सोच को मूर्त रूप देने में जो संपूर्णता का बोध होता है। उसे सम्पूर्णता तक पहुचने के लिए कला के अन्य सिद्धांतों का भी उपयोग किया जाता है।

2. Balance संतुलन तराजू की दोनों तरफ दायाँ बराबर है बायें के एवं बायाँ बराबर है दायें के।

मगर कला में संतुलन क्या है। चाहे वह सममित (Symmetrical) या विशमित (asymmetrical) कुछ भी डिजाइन हो मगर एक डिजाइनर को अपने डिजाइन को केंद्रित होकर ही उस कला का निर्माण करना चाहिए उसे उस कला को मूर्त रूप देते वक्त कभी भी किसी भी एक भाग को जबरदस्ती खींचना नहीं है। उसके संतुलन रखना है उस कलाकृति का उस में इस्तेमाल होने वाली सामग्री के साथ, उसकी भौगोलिक संरचना के साथ, उसके रंग रूप और सबसे मुख्य बात इन सब का डिजाइनर की अपनी सोच के साथ। वह सोच जो उस कलाकृति के निर्माण का मूलभूत कारण है।

3. Harmony - समाजस्यता डिजाइन में समाजस्यता आखिर है क्या? उसकी भूमिका इतनी महत्वपूर्ण क्यों? डिजाइन को बनाने के लिए जिन तत्वों का प्रयोग हो रहा है उसमें एकरूपता (Similarity) का होना ही समाजस्यता या हारमनी है। रंगों में समाजस्यता एनालोगस (Analogus) कंप्लीमेंट्री (Complimentry) Colour scheme से लाई जाती है। एक मुख्य लक्षण रंग, शेप, टेक्सचर, पैटर्न, मेटीरियल सब में समान रूप में देखा जा सकता है। हारमोनी और यूनिटी मुख्य तौर पर एक डिजाइन को ज्यादा क्रमबद्ध तरीके से बनाने में उसको ज्यादा असरदार और उसकी दृष्टिगत आयाम ज्यादा मजेदार नजर आते है। यह वास्तव में तकनीकी और कृत्रिम तरीके से उस कलाकृति को कला की दृष्टि से अधिक सुंदर बनाने का प्रयोजन है।

4. Contrast - विपरीतार्थक कन्ट्रास्ट वास्तव में कलर साइज और वैल्यू में विभिन्न तत्वों का इस्तेमाल करना है। इन्हें इस्तेमाल करने से ग्राहक का दृष्टिकोण उस डिजाइन को लेकर ज्यादा उग्र और मजेदार हो जाता है।

5. Repition (Rhythm) डिजाइन में गति लाने लाने के लिए इस सिद्धांत का होना अत्यंत आवश्यक है। गति मुख्यता बार-बार रंग, लाइन, शैप वैल्यू या फैब्रिक के ताने बाने के साथ मिल कर दी जाती है। डिजाइन का लयबद्ध होने से उसमें ग्राहक का आकर्षण बढ़ता है।

6. Emphasize - **प्रभुता** - डिजाइन में किस तत्व की प्रभुता हो मुख्यत : यह डिजाइन पर निर्भर करता है। समय, जरूरत स्थान के अनुरूप भी प्रभुता बदलती है। प्रभुता किसी भी तत्व की हो सकती है। अब प्रश्न यह है कि जब हमें तत्व और सिद्धांत के बारे में पता चल गया है तो हम दृष्टांत को कैसे अभिव्यक्त कर सकते हैं। कला के जितने भी रूप है उन सब के आधार पर हम दृष्टांत को व्यक्त करते हैं। उनका आधार कैसे?

फैशन दृष्टांत मुख्यतः फैशन के अनुरूप ही तैयार होते हैं। वस्त्र विन्यास के साथ-साथ आपका संपूर्ण व्यक्तित्व जिसमें केश विन्यास के साथ-साथ मेकप एवं आभूषण भी सम्मिलित हैं उन सब को समाधान के लिए एक दृष्टांत कलाकार (Illustrator) विभिन्न प्रकार के टेक्स्चर का उपयोग करता है। यह टेक्स्चर मुख्यत: विभिन्न प्रकार के वस्त्र के बारे में पर हुई कसीदाकारी कढाई एवं इस डिजाइन की बारिक से बारिक जानकारी देता है। प्राकर्तिक रेशों से बने वस्त्रों से लेकर उनी, रेशमी या पारदर्शी वस्त्रों के बारे में उसी टेक्स्चर के द्वारा पता चलता है। इन सबको व्यक्त करने के लिए कला के विभिन्न माध्यमों का प्रयोग किया जाता है । विभिन्न राज्यों की, विभिन्न तरीके के art form को इस्तेमाल किया जाता है।

1. मधुबनी (Madubani Painting) - मिथिला – बिहार

2. वर्ली warli painting – warli tribes – thane, nasik – Maharashtra

3. मिनिएचर (Miniature Painting) – Combination of Indian, Islamic, Pessian art – Natural stone colour – wasli paper

4. Kalamkari (कलम कारी) – connection to persian – known as drawing with Pen

- Block & hand print of Andhra Pradesh.

- Today floraepics such as Mahabharata & Ramayana.

5. Tanjore Painting (टैनजोर पेंटिंग)

- Thanjarur in Tamil Nadu – Themes of Hindu God –

6. Pattachitra (पत्तचित्रा) – odisha & w. Bengal – Heavy influence of w. Bengal –

7. Gond Painting (गोंड पेंटिंग) – Madhya Pradesh – themed on animal & birds – gond tribes –

8. Kalighat Painting (कालीघाट पेंटिंगस) – Bengal – cloth / patau – scene from epic.

9. Phad (फ़ाड़) – scroll painting – Rajasthan – Stories of local heros – many stories accommodated in a single composition.

10. Cheriyal scrolls – present day Telangana – Nakashi family – based on Indian mythology & folk Tradition

11. Mandala – M.P.

Painting Style

1. Acrylic – Acrylic Paint

2. Oil Painting – Oil Paint

3. Pencil Sketch – Graphite Pencil

4. Water colour – water colour

5. Colour pencil sketch – colour pencil

6. Charcoal drawing – charcoal sticks

7. Portrait – Any medium

8. Spray painting – Any medium with spray gun + spraycan

9. Allegory (depictemotions) – Any mode

10. Scratched / Graffiti – Any mode

11. Glass painting – glass colour

12. Gouache – body paints/ opaque

13. Mural painting – Acrylic

14. Miniature –

15. Digital painting – 3d

16. Pastel painting – pastel colour

17. State art

18. Ink painting – diff. colour ink

19. Collage painting – stick bit of magazine

20. Figure painting

21. Caseim painting, painting with milk protein casein – pigments + milk protein

22. Ball point penart – diff. ball point

23. Fabric painting – use as fabric colour

24. Wash painting – water colour

25. Wax painting – wax colour

Tools

Pencil

1. HB

2. B 2b, 4b, 6b, 8b soft lead

3. H   1H.............7H, Hard lour.

4. Charcoal

- Graphite pencil

- Solid graphite

- Liquid graphite

- Charcoal

- Carbon

- Colored pencil

- Water colour pencil

- Mechanical pencil

Pen

1. Ball point pen

2. Gel pen

3. Marker pen (illustration)

4. Ink pen/ink liner

5. Sketch pen

6. Felt tip pen

7. Brush pen

8. Technical drawing pen

9. Dip pen

Eraser (Rubber)

1. Synthetic rubber

2. Kneaded

3. Ink eraser

4. Gum eraser

5. Vinyl eraser

6. White pencil

Sharpener

1. Manual pencil sharpner

2. Mechanical sharpner

Paper

1. Crepe

2. Tracing

3. Brown

4. Chart paper

5. Drawing paper

6. Hot press – smooth

7. Cold press – semi rough

8. Rough

1. Acrylic/oil sheet

2. Graph paper

3. Graphite paper

4. Glazed paper

5. Hand made sheet

6. Photographic sheet

7. Tissue sheet

Brush

1. Round

2. Flat

3. Bright

4. Filbert

5. Fan

6. Angel

7. Mop

8. Rigger

9.   Liner

10. Dagger

11. Scripts

12. Egbert

Brush size

Smallest   largest

20/0, 12/0, 10/0, 7/0, 6/0, 5/0, 4/0, 000, 00, 0, 1…………….
30

2 inch ……………… 8 inch

Brush bristles

1.   Water colour – sable hair (Synthetic or Nylon)

2.   Oil painting – sable

3.   Acrylic – Nylon (hand/soft boch)

Colour

1.   Water colour

2.   Cake

3.   W. colour pencil

4.   Poster colour

5.   Guachhe's

6.   Pastel

7.   Wax

8.   Dry pencil

9.   Chalk colour powder form

10. Acrylic

11. Fabric colour

12. Pigment

13. Cooldye

14. Hot Dye

15. Acid colour

16. Glass colour

17. Spray's

18. Prolem colours

अध्याय-4

फैशन का इतिहास

फैशन का इतिहास क्या है ? वास्तव में "फैशन" और "इतिहास" दोनों शब्द अपने आप में एक पूर्ण गाथा को लिए हुए है। जैसे – जैसे मानव इतिहास को देखते है वैसे – वैसे हमें कपड़ों के प्राचीनतम रूप से आधुनिक रूप तक का सफर रोमांचित करता जाता है। इस सफर में कुछ शब्द बार – बार सुनने में आते है। फैशन, क्लॉथ, क्लोदिंग, कास्टूम, ड्रेस (Fashion, cloth, clothing, costume, dress) ऐसे शब्द है जो बार – बार आते है मगर इसके साथ ही वह हमारे सामने उस वक्त के डिजाइन का एक सम्पूर्ण चित्र प्रस्तुत करते है।

Fashion – फैशन शब्द अपने आप में एक जीवन शैली, उसको लेकर आपकी सोच और उस सोच को सकारात्मक रूप से प्रस्तुतीकरण है जिसमें कला, डिजाइन, इतिहास एवं सबकुछ सम्मिलित है। मगर एक बात समझने वाली है की कोई भी डिजाइन के शुरू होने उसके अंत एवं नए डिजाइन की आरंभ में सब कुछ फैशन शब्द में सम्मिलित है।

Cloth – एक सरल शब्द जिसका अभिपराये टेक्सटाइल से है। सब तरीके के वस्त्र वो चाहे प्राकृतिक रेशे (Natural Fiber) या अप्राकृतिक रेशे (Synthetic Fiber) से बना हुआ हो। प्राचीन काल में वस्त्र कपड़े को छोड़ कर अन्य पदार्थ जैसे घास, छाल या जानवरों की खाल को प्रयोग करते थे। मगर यह सब भी इसी श्रेणी में आते है।

Clothing – क्लोदिंग अथार्थ कपड़े पहनने की कला और उसके अंतर्गत आने वाले वस्त्रों की शृंखला कपड़ा लपेटना या फिर उसके अंतर्गत आने वाले वस्त्र जैसे कमीज, सलवार।

Costume – "कास्टूम" शब्द "कस्टम" (Custom) से उत्पन्न हुया है। हमारे समाज और उस वातावरण को बताने समझने के लिए कस्टम शब्द का प्रयोग किया जाता है। किसी भी विशेष परिस्थिति में पहनने वाले वस्त्रों की शृंखला इस शब्द में सम्माहित है। यहाँ पर विशेष परिस्थिति से मतलब कोई भी सांस्कृतिक एवं सामाजिक उत्सवों से है।

Dress – ड्रेस शब्द भी अपने आप में एक रोचकता लिए हुए है मगर क्लॉथिंग से भिन्न है। जहां क्लोथिंग एक अकेले वस्त्र के लिए भी प्रयोग हो सकता है वहां dress उस clothing विभिक्ति कारण के लिए इस्तेमाल किया जाता है। जहां हम dress को वन पीस, टू पीस या श्री पीस के लिए प्रयोग करते हैं वहीं यह शब्द आपके dress आधुनिक है या परंपरावादी या फिर फ्यूजन उन सबके लिए भी हम "ड्रैस" शब्द का ही इस्तेमाल करते हैं।

"फैशन" के इतिहास को समझने से पहले हमें कपड़ों को पहनने की जरूरत पर विवेचन करना अत्यंत महत्वपूर्ण है। कपड़ा बनाने से कपड़े पहनने की जरूरत और उसको नीरसता को खत्म करने के लिए उसमें डिजाइनिंग का आरंभ ही फैशन की संपूर्ण यात्रा है।

मानव शरीर को ढकने के लिए वस्त्रों का पहनना या वातावरण के अनुसार अपने आप को उस वातावरण में रहने के अनुकूल बनाना, सामाजिक व ऐतिहासिक परिवेश में वस्त्रों को चुनना और अपने आप को समाज में सबसे अलग एवं सुंदर दिखाने की चाह। इन सब में से कोई एक कारण या फिर सारे ही कारण इसके मूलभूत उद्देश्य हो सकता है। मगर वास्तविकता यही है कि वस्त्र हमारे दैनिक कार्यकलापों में एक महत्वपूर्ण भूमिका निभाते हैं।

आज का आधुनिक एवं सभ्य समाज में मानव के कुछ शारीरिक अंगों को ढकने के लिये वस्त्र पहनना प्राथमिक कारण है। मगर प्राचीन समाज में इस तरह से वस्त्र पहनना आवश्यक नहीं था। अभी तक हमारे पास कोई भी ऐतिहासिक तथ्य नहीं है कि सर्वप्रथम कपड़े का विकास क्यों हुआ। इसी के लिए फैशन दर्शन शास्त्रों के अपने-अपने कारण है। मगर उन सब में कुछ तथ्य समान है।

1. Protection या बचाव

2. Attraction / Identification सुंदर दिखने की चाह एवं अपने अस्तित्व की पहचान

3. Ritualistic / Hierarchy सामाजिक उत्सव एवं अपने सामाजिक प्रतिष्ठा का दिखावा

1. Protection या बचाव - बहुत सारे समाजशास्त्री, दर्शन शास्त्री एवं फैशन विशेषज्ञ इस तथ्य को मानते हैं कि कपड़े पहनना मानव की मूलभूत जरूरत है अपने भौतिक आवश्यकताओं के चलते मानव ने वस्त्र पहनना आरंभ किया पूर्ण वातावरण सर्दी, गर्मी, वर्षा, आंधी, जंगली जानवर, कीड़े मकोड़े से अपनी सुरक्षा हेतु वस्त्रों को पहनने की आवश्यकता महसूस हुई। जो समुदाय बर्फ जमने तक के प्रदेश में रह रहे हैं, उनको जानवरों की खाल से बने वस्त्र पहनने से उस ठंड को काफी हद तक रोका जा सकता है। कई वो स्थान जहां पर गर्मी एवं लू की अधिकता है उस प्रदेश में रहने वाले व्यक्तियों के बहुत सारे वस्त्र परतों (Layers) में पहने जाते हैं। जिससे गर्मी से, उनकी त्वचा का बचाव हो सके। यही नहीं वस्त्र उन्हें जंगली जानवर एवं जंगली कीट से भी बचाव करते हैं। समतल क्षेत्र में रहने वाले व्यक्तियों का पहाड़ी क्षेत्र में रहने वाले व्यक्तियों से जरूरत अलग होती है। और उनके जरूरतों को

पूरा करने के लिए आसपास जो कच्चा माल मिलता है उसे से क्षेत्र की जरूरतों के अनुसार वस्त्र तैयार किए जाते हैं।

2. Attraction / Identification - मनोवैज्ञानिक दृष्टि से हर व्यक्ति सुंदर दिखना चाहता है। और वह सुंदर दो तरीके से दिख सकता है।

1. वस्त्रो के द्वारा

2. अपने शरीर को सुंदर दिखाना जबकि फैशन शास्त्री इस तथ्य को मानते हैं कि वस्त्र बचाव के लिए पहने जाते हैं मगर अपने को खूबसूरत दिखाने के लिए भी वस्त्र पहने गए। प्राचीन समाज में एवं कबीले में रहने वाले समुदायों ने अपने को खूबसूरत एवं अलग दिखाने की चाह भी। शुरू में जब कपड़े का अविष्कार नहीं हुआ था तब भी लोग विभिन्न प्रकार की छाल, पत्थर, पत्ते, फूल विभिन्न प्रकार के जानवरों की खाल नाखून एवं हड्डी का भी प्रयोग किया जाता था। और इसी श्रंखला में उन्होंने उन सभी वस्तुओं का सौंदर्य करण के लिए नए अविष्कार भी किए। अगर हम फैशन के इतिहास को देखते हैं तो हमने यह महसूस किया कि सुंदर दिखने की चाह में यह वस्त्रों पर किए गए अविष्कार, प्रयोगात्मक तरीके से सही नहीं थे। कुछ आविष्कारक ड्रेसेस फैशन की दृष्टि से उचित थी मगर व्यवहारिक दृष्टि से अनुचित। सरकारों को उन्हें बैन करने के लिए कानून लाने की जरूरत महसूस होने लगी। उसमें सबसे प्रमुख थे फैशन एसेसरीज मध्यकालीन युग में shoes को लेकर एक डिजाइन आया जिसे "Poulaine" कहा गया। फ्रांस में बना हुआ यह जूता इस हद तक बढ़ाया जाता था कि उसको हाथ में बांधा जा सकता था, जिसकी वजह से सड़कों पर चलना मुश्किल हो गया बाद में उनकी सरकार को एक Law लाना पड़ा जिसमें सामान्य व्यक्ति 6 इंच, जेंटलमैन 12 इंच और रॉयल एंड Noble People 24 इंच तक पट्टी रख सकते थे।

18 वीं शताब्दी में पुरुषों (Mens wear) में पहनने वाले वस्त्रों में Danddy look बहुत ज्यादा प्रसिद्ध हुआ। इसमें Men's breeches इतनी ज्यादा तंग (tight fitting) था कि बैठने व उठने में काफी परेशानी उठानी पड़ती थी। यही नहीं कभी-कभी यह स्थिति माल फैशनिंग (Mall fashioning) का उदाहरण भी बन जाती थी।

ऐसे ही एक फैशन 19वीं शताब्दी में हुआ जब पतली कमर का फैशन आरंभ हुआ इसके लिए महिलाएं गाउन में कॉन्सर्ट का इस्तेमाल करती थी। यह एक अंडर गारमेंट था जिसे कमर के चारों और कस कर बांधने से उसके कमर को पतला एवं फैशनेबल सिल्हूट के अनुरूप बनाया जाता था। बेशक तंग लेस के कारण कई बीमारियां हो जाती थी। यही नहीं इस कारण स्कर्ट कई परतों में होती थी जिसका वजन 14 पौड़ तक हो सकता था बाद में क्रेज क्रिनोलिन विकसित किया गया।

2. सुंदरता का मापदंड सबके लिए अलग-अलग है। और उसी मापदंड के अनुरूप हम अपने को सुंदर से सुंदर तम दिखाने की कोशिश में लगे रहते हैं। अलग – अलग दौर में सुन्दर दिखने के लिए अलग – अलग प्रयोग किए गए। ज्वेलरी और फैशन एसेसरीज अलग थी उनके प्रयोग अलग अलग तरीके से हुए। मगर इन सबके अलावा भी अपने शरीर पर काफी कुछ प्रयोग हुए हैं। प्राचीन काल में चीन में छोटे पैर सुंदरता की प्रतीक थे। यह पैर "Lotus Foot" के नाम से विख्यात हुए। पैरों को कसकर इस तरह से बांधा जाता था कि कुछ समय के पश्चात में मानव निर्मित कृत्रिम हील के साथ आकार में भी छोटे दिखते थे।

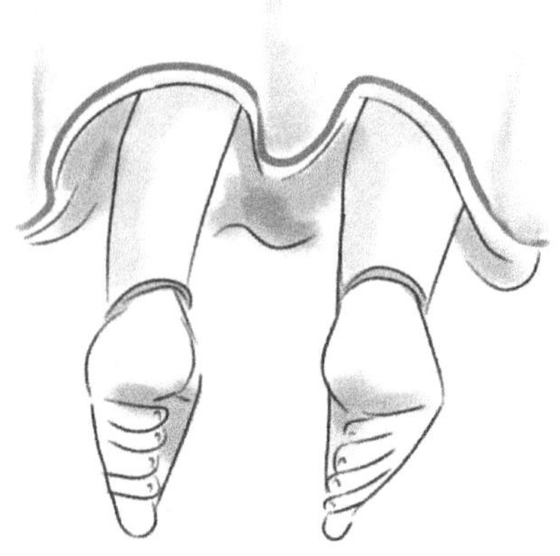

ऐसे ही एक परंपरा के निर्वाह हेतु सूडान में ''कीचेपू'' जन जाति की महिलाएं एक गोलाकार प्लेट अपने होंठों के बीच में लगाती थी यह परंपरा इतनी ज्यादा प्रचलित थी कि इसको लगाए बगैर वह कोई भी सार्वजनिक समारोह में नहीं जाती थी। उन्हें इसके अभाव में वस्तुओं के ना पहनने की स्थिति का आभास होता था।

Body Tattoing या शरीर पर गुदना, गुदवाना या Body Painting शरीर पर चित्रकारी यह दोनों प्रथा भी काफी प्रचलित थी। बॉडी टैटूइंग एक स्थाई प्रभावशील तकनीकी विद्या थी जिसमें मानव शरीर पर स्थाई रूप से चिन्ह उकेरे जाते थे। शरीर की त्वचा पर रंगीन आकृतियां उकेरने के लिए, अंग विशेष पर घाव करके चीरा लगाकर या 87 सतही छेद करके उनके अंदर लकड़ी के कोपले का चूर्ण या राख अथवा रंगने के मसाले भर दिए जाते हैं। घाव भर जाने के बाद खाल के ऊपर स्थाई रंगीन आकृति विशेष बन जाती थी।

Body Painting - बॉडी पेंटिंग एक कला है जो प्राचीन समय से ही समाज में प्रचलित थी। चाहे "कॉंगलीस" (Congolese) या जापानी "घिसा" (Japanese geisha) और या चाइनीज (Chinese), (dynasties) डायन्सटीज, सभी प्राचीन सभ्यताओं में बॉडी चित्रकला की जाती थी। इसमें मुख्यता लाल कैम वुड पाउडर (Red Cam wood powder) चावल का आटा (Ground rice powder) और सफेद सीसा (white lead) इस्तेमाल किया जाता था। इन सब को इस्तेमाल करने से पहले शरीर पर तेल लगाया जाता था। गुलाब की पंखुड़ी का उपयोग गालों में नीचे के होंठ पर एवं नाक पर किया जाता था। आधुनिक समय पर बॉडी पेंटिंग का स्वरूप ही बदल गया अब पूरे शरीर को कैनवास मानकर उस पर चित्रकारी की जाती है।

3. Ritualistic/ Hierarchy - किसी भी सभ्यता में कपड़े समाज में उसकी पहचान है। वह क्या करता है कहां रहता है या फिर वह किस कार्य से प्रयुक्त जगह पर आया है सब उसके वस्त्रों से पता चलता है। यही नहीं आदिमानव इस कथन में विश्वास करता था कि कुछ सामाजिक कार्य को करते वक्त हमें उपयुक्त वस्त्र पहने चाहिए। यह वस्त्र हमें बुरी दृष्टि से बचाते हैं

यही नहीं कुछ जानवरों की खाल एवं हड्डियों को पहनने से हमें नजर नहीं
लगती है एवं हम मजबूत हृदय के स्वामी होते हैं। जो वस्तुएं सरलता पूर्वक
प्राप्त नहीं होती थी उनको उपयोग करना ज्यादा सारगर्भित होती था। अक्सर
उन बच्चों को उनके प्राकृतिक गुणों से जोड़ा जाता था जहां से वह प्राप्त करी
है। पुराने मिस्र (Egypt) शेर के नाखून एवं दांतों का प्रयोग असाधारण वीरता
एवं साहस के लिए किया जाता था। कभी-कभी जानवरों केखुर एवं सींग
(Looves & Horns) का प्रयोग ही नहीं अपितु उनका प्रदर्शन भी किया
जाता था। साथ में यह बताना भी जरूरी होता था कि उस प्रमुख जानवर की
विशेषता या गुण उसको धारण करते ही उसमें आत्मसात हो गए हैं। इस का
प्रदर्शन वह सामूहिक सामाजिक कार्यक्रम में करते थे। जैसे-जैसे मनुष्य सभ्य
समाज की तरफ अग्रसर होता गया वैसे उसके सोचने समझने की शक्ति बढ़ने
लगी अपने आसपास की वस्तुएं फिर वह चाहे प्रकृति हो या वन्य जीव जंतु
उन सबको वह आत्मसात करने लगा यही सोच उसकी वस्त्रों में नजर आने
लगी। उसने उन सब को अपने भगवान उनके हीरो या फिर कोई भी जिस के
कार्यकलापों को पसंद करता था उसके वस्त्रों आभूषणों या उस जैसे दिखने
की चाह में वह प्रतीकात्मक रूप में तैयार होने लगा। यहीं से कॉस्टयूम की
परंपरा का आरंभ हुआ। प्रतीकात्मक वस्त्र अब तक कई श्रेणी में विभाजित
हो गए। मुख्यता धार्मिक अवसरों पर पहनने वाले तथा सार्वजनिक उत्सव पर
पहनने वाले वस्त्रों का चलन हुआ। धार्मिक गुरु ने इसमें महत्वपूर्ण भूमिका
निभाई धर्म विशेष को मानने वाले लोगों के समूह ने उन सांकेतिक वस्त्रों को
अपनाया। शायद वह उस धर्म के प्रति उनका प्यार लगाव व निष्ठा एवं
समर्पण का तरीका था।

वस्त्रों नें समाज में लोगों के स्थान को भी स्थापित किया। वह गरीब अमीर
जातिवाद वर्ण, स्त्री पुरुष सभी को उसने विभाजित करा। एक समाज में सभी

तरह के लोग होते हैं व्यक्ति कितना आर्थिक संपन्न है या उसकी स्थिति कितनी छूट सूदरण ग्रंथ है यह सब उसके वस्त्रों के पहनने, वस्त्रों के चुनने से पता चलता है। अगर हम इतिहास पर दृष्टि डालते हैं तो हमें यह पता चलता है कि सामान्य नागरिक एवं शाही घराने से रिश्ता रखने वाले नागरिक के कपड़ों के स्तर अलग-अलग हैं इतिहास के हर मोड़ पर परिधानों के अलग-अलग रंग बनावट सजावट सब अलग-अलग है। समय के साथ-साथ यूनिफॉर्म की उपयोगिता बढ़ने लगी एवं एक कर्तव्य निष्ठा का आभास कर आने लगा। यही नहीं युद्ध में पहनने वाली यूनिफार्म के द्वारा फौज में उनकी स्थिति का पता चलता है। वह उस में प्रयोग की जाने वाली वस्तुएं जैसे बटन रिबन या गया प्रयोगात्मक चिन्ह जिससे फौज में पद (Rank) की उपस्थिति का पता चलता है। यही नहीं यूनिफार्म से उसके व्यवसाय का भी पता चलता है। हर व्यवसाय में कुछ वस्त्र या आभूषण होते हैं जिनका पहनना अनिवार्य होता है और इन्हीं प्रतीकात्मक चिन्ह से व्यवसाय विशेष के बारे में पता चलता है। वस्त्र समाज में चल रहे हर उत्सव का प्रतीक है। यही नहीं आप शादीशुदा है या कुंवारे आप भी विधवा है या सुहागन सभी अवस्थाओं में अलग-अलग वस्त्र पहने जाते हैं। पश्चिमी देशों में काला रंग मौत का सूचक है और श्वेत रंग शादी एवं खुशी का। हिंदुस्तान में लाल रंग उत्सव का और श्वेत रंग शोक का। यही नहीं आपने अपना केश विन्यास कैसे किया इससे भी आप की मनोदशा के बारे में पता चलता है।

Forbes watson के कहा "Leave the loom, ready to wear" ऐसे ही उस समय के वस्त्र के बारे में आभास होता है।

Ancient Indian Dress & Jewellery

भारतीय संस्कृति में वस्त्रों का विकास

यह तो समझ में आया कि मानव ने वस्त्र पहनने क्यों आरंभ किये।

परंतु आज के आधुनिक वस्त्र तक का सफर भी कम रोचक नहीं है। प्रारंभ में वस्त्र लपेटकर पहने जाते थे बाद में धीरे-धीरे कटाई एवं सिलाई तक पहुंचे। मगर लपेट कर (drapping) वस्त्र पहनने की कला आज भी जीवित है। तथा कुछ वक्त आज भी लपेट कर पहने जाते हैं। शुरू में सिर्फ एक कपड़ा जिसका उपयोग एक आवरण की तरह किया जाता था ।

धीरे-धीरे वस्त्र अपने स्टाइल, आकार, रंग, कपड़े के कारण नई पहचान रखने लगे । इन सब में काफी समय लगा। अगर इतिहास को ध्यान से देखा जाए तो मोटे तौर पर वस्त्र को निम्न भागों में विभाजित किया जा सकता है।

ऐसा नहीं है कि यह सारे वस्त्रों के वर्ग अब देखने को नहीं मिलते यह सारी वस्तुओं की श्रृंखलाओं की मूलक आज भी देखने को मिलती है। शताब्दी पूर्व भारतीय वस्त्र, टेक्सटाइल को ओर देश के लोग पसंद करते थे। वह चाहे सूती कपड़ा हो या उनी । असाधारण रूप से डिजाइन कर गये वस्त्र उस समय काफी लोकप्रिय थे। प्राचीन भारत के वस्त्र लगभग संपूर्ण भारत में लपेटने वाले वस्त्र थे। लपेटने या ड्रेपिंग की विधि भिन्न-भिन्न थी। समय के साथ इन

विधियों में बदलाव आता गया। स्त्री पुरुष दोनों ही लपेटने वाले वस्त्र पहनते थे। स्त्रियों के पारंपरिक वस्त्र साड़ी आज आधुनिक समाज में भी उतनी लोकप्रिय है। जबकि पुरुषों के पहनने वाले वस्त्र काल खण्ड की सीमा को नक्कारते हुए काफी बदलाव की स्थिति में है। धोती से आरंभ हुए उनके वस्त्र ट्राउजर, और शर्ट तक पहुंच गए हैं।

पुरुषों के पहनने वाले वस्त्रों का सबसे पहला उदाहरण सिंधु घाटी की सभ्यता (Indus valley civilization) मैं मिलता है। धर्मगुरु की वह मूर्ति जो कि मोहनजोदड़ो की खुदाई करते वक्त मिली वह ड्रेपिंग, एक बेमिसाल उदाहरण है । अगर भारतीय इतिहास के सभी सोपानो वैदिक, मौर्य, सांगा, सतवाह, कुशान गुप्ता मुगल और इन सब पर दृष्टि डालें तो परिधान के विकास को देखा जा सकता है। इन सभी राजवंशों में संस्कृति का उन्नत विकास हुआ कला का विस्तार एवं उसके साथ ही जीवन शैली में भी विकास हुआ। प्राचीन भारत की वस्त्र कला को उन्नत बनाने में काफी सारे तत्वों का योगदान रहा। उस वक्त का सुद्रण सामाजिक ढांचा एवं संयुक्त परिवार तथा उत्सवों की परंपरा धार्मिक समारोह को लेकर भावनाएं एवं समय-समय पर आयोजित सामाजिक संगोष्ठी ने टेक्सटाइल एवं वस्त्रों के कलात्मक विकास में काफी योगदान दिया। हर जनजाति का पहनने का तरीका रंग, शैली व विन्यास अलग अलग होता था। वो चाहे धोती, कमरबंद, पटका, ओढनिया, दुपट्टा कुछ भी हो सकता था। हर 15 से 20 किलो मीटर के बाद उन कपड़ों को बांधने का शिल्प भी अलग-अलग देखने को मिलता था । यही नहीं प्रातीय शिल्प में भी अनेकों शैलियाँ विकसित थी जो उस उपयुक्त वस्त्र शैली को अधिक सुंदर एवं आकर्षक बनाते थे। उन सब का प्रस्तुतीकरण काफी कलात्मक होता था।

वैदिक काल में भारतीयों को आकर्षित एवं सुंदर वस्त्र पसंद थे तथा वह फैशनेबल होते थे। जबकि मौर्य और सागा वंश के समय वस्त्र केवल मूलभूत

आवश्यकताओं की पूर्ति करते थे। मगर उनको बांधने की कला विविधतापूर्ण थी । अभी तक वस्त्र एक आयताकार कपड़ा था जिसे अपने आवश्यकता अनुसार पहना व लपेटा जाता था।

"सतवाह" के समय पर ट्यूनिक एवं कोट का प्रयोग किया जाता था। गुप्त वंश में कला का विकास हुआ एवं वह सौंदर्य प्रेमी थे। तो उस युग में टेक्सटाइल में उन्नति हुई एवं आभूषणों का भी प्रयोग होने लगा। अगर मुगल वंश की बात करें तो उस समय सोने का प्रयोग अधिक मात्रा में होता था चाहे वह कशीदाकारी हो या फिर कपड़े को बिनने की कला। काफी नए किस्म के वस्त्रों का आविष्कार हुआ। ब्रिटिश काल में भारत की अपनी परंपरा कहीं लुप्त सी होने लगी एवं पश्चिमी सभ्यता का समावेश होना शुरू हो गया। तथा भारतीय एवं पश्चिमी संस्कृति के समावेश से एक नए वस्त्र शैली का आगाज हुआ।

सिंधु घाटी की सभ्यता एवं वस्त्र शैली -

ऋग्वेद मैं वस्त्रों के लिए "वासास" (Vasas) शब्द का प्रयोग हुआ है।

"वासास" या "वस्त्र" दोनों ही शब्द का अर्थ एक है । वैदिक समय में पहने जाने वाले वस्त्र सुंदर सुनियोजित एवं अच्छी फिटिंग के होते थे। उसके लिए उस काल में "सुरभि" (Surabhi) शब्द का प्रयोग किया जाता था। अंतः वस्त्र के लिए "निवि" (Nivi) पोशाक के लिए "वासास" तथा उपवस्त्र के लिए "अधिवासा" (adhivasa) उसको दुपट्टा या चादर के नाम से जाना जाता था। उस समय पहने जाने वाली पोशाकों में कलात्मक कढ़ाई की जाती थी। जो सोने के तारों से होती थी। मुख्यत: वस्त्रों में "बॉर्डर" या "किनारों" एवं उसके साथ – साथ उसमें "झकबे" या "फुदने" (Fringes) का प्रयोग किया जाता था। कपड़ों का ताना बाना काफी कलात्मक रूप से प्रस्तुत किया जाता था।

धार्मिक संस्कारों के समय अलग वस्त्र पहने जाते थे।

पुरुष पोशाक (Maleattire) पुरुषों के पहनने वाले वस्त्रों को मुख्यत: दो भागों में विभाजित किया पहला वह जो कमर से ऊपर (Upper torsso) पहने जाते थे। दूसरे वह जो कमर से नीचे (Lower Torsso) पहने जाते थे। दोनों ही वस्त्र लपेटने वाले वस्त्र (Drapping Costume) थे।

कमर से ऊपर मुख्यत: एक चादर होती थी। जिससे आधा शरीर (कंधे से कमर) ढका जाता था। बाये हाथ (Left hand) से लेकर चद्दर को इस तरह लपेटा जाता था की दायाँ हाथ (Right hand) खाली रहे। ताकि सारे कार्यकलाप बखूबी किये जा सके। वैसे शरीर का ऊपरी भाग निर्वस्त्र ही रखा जाता था।

कमर से नीचे भी एक आयाताकार वस्त्र होता था। जिसे लूँगी की तरह लपेटा जाता था। यह घुटनों तक की लंबाई का होता था। पैर में कुछ भी नहीं पहना जाता था मुख्यत: नंगे पैर ही सारा कार्यक्रम होता था। पुजारी तिपतिया घास (trefoil) का प्रयोग करते थे।

स्त्री पोशाक (Female attire)

स्त्री और पुरुष की पोशाक मुख्यत: एक सी होती थी। दोनों के बांधने का तरीका थोड़ा अलग – अलग होता था। स्त्रियाँ वक्ष स्थल को ढकने के लिए एक आयताकार कपड़ा प्रयोग करती थी। कमर से ऊपर (uppertorsso) या कमर से नीचे (lowertorsso) दोनों में लूँगी देखने में जो की आधुनिक सिरौग (Sarong) से मिलती थी।

लूँगी का प्रयोग किया जाता था। "लूंगी" को "तगड़ी" से बांधा जाता था। जिसे "चद्दर" कहते थे। आरंभ में यह चौरस होता था तथा बाद में इसका स्वरूप आयाताकार हो गया था। कपड़े मुख्यत: प्राकृतिक रेशे के बनाए जाते थे जैसे सिल्क, सूती, व ऊनी । मुख्यत: यह वस्त्र बुने (woven) हुए होते थे। उन पर जो डिजाइन बने होते थे वह प्रकृति से प्रभावित होते थे, तथा ज्योंमितीय रूप में बनाये जाते थे। प्रकृति में आने वाले सभी निर्जीव व सजीव चित्र सभी को दिखते थे फिर भी मुख्यत: जीव जन्तु जैसे मछली, मोर, गाय, बैल, सिंह मुख्य रूप से बनाए जाते थे।

वैदिक संस्कृति

वैदिक संस्कृति तक वस्त्र लपेटने की श्रेणी में हो रखे जाते थे। प्राचीन भारतीय सभ्यता में वस्त्र विभिन्न तरीकों से तथा काफी निपुणता से लपेटे जाते थे समाज के सभी वर्ग उनको विभिन्न तरीके से इस्तेमाल करते थे। अजंता एवं एलोरा की गुफाओं में दूर उकेरी गई मूर्ति में इस तरह की वस्त्र शैली देखने को मिलती थी। मगर सभी कलाकृतियों को ध्यान से देखने पर पता चलता है कि वस्त्र की पसंद, उसको पहनने की कला, उसके व्यवसाय एवं उसके सामाजिक स्टेटस पर निर्भर करती थी । फिर भी वस्त्र मुख्यतः तीन तरीके के होते थे।

1.   Antariya   अंतरीया (नीचे पहनने वाले वस्त्र)

2.   Uttariya   उत्तरिया (ऊपर पहनने वाले वस्त्र)

3.   Ushadiya   उषणीया (सिर पर पहनने वाले वस्त्र)

तथा इनके साथ एक वस्त्र ओर होता था, जिसे काया बद्ध (कायाबद्ध) कहा जाता था। ध्यान देने वाली बात यह है कि इन वस्त्रों की श्रेणी स्त्री पुरुष दोनों के लिए एक थी। जबकि यह वस्त्र सभी वर्ग के लोगों के लिए पहनना अनिवार्य था मगर आम नागरिक इसको छोटे रूप में लपेटता था। मगर कई तरीके से पहना जाता था। इनकी लंबाई कमर से पिंडली (calf) तक हो सकती थी। पुरुषों में पहनने वाला अंतरिया एक पारदर्शी (Sheer) वस्त्र हो सकता था मगर स्त्रियों में पहनने वाला अंतरिया एक अपारदर्शी (opaque) वस्त्र होता था। आरंभ में अंतरिया एक अपारदर्शी वस्तु था मगर बाद में पारदर्शी वस्त्र भी देखने को मिलता था। कमर से पिंडली तक इसकी लंबाई थी। काफी विभिन्न तरीके से इसको पहना जाता था। कभी-कभी एक दृष्टि में देखने पर यह है आधुनिक धोती की तरह और कभी-कभी यह एक ही स्कर्ट की तरह नजर आता था। एक छोटा सा कपड़ा जिस मैं कुछ प्लेट डाली जाती थी यह प्लेट सामने आती थी फिर इसको दोनों टांगों के बीच में से लेकर मध्य में टांक दिया जाता था। कमर पर यह अपनी स्थिति में स्थिर रहे उसके लिए इसको कमरबंद से बांधा जाता था। कमरबंद भी एक आयताकार कपड़ा था मगर इनकी चौड़ाई कम होती थी। आवश्यकता अनुसार इस को अलंकृत किया जाता था।

1. अंतरीया (Antariya) – नीचे पहनने वाला वस्त्र था जो की सफेद रंग का था और मलमल या लिनन का बना होता था यह एक मुख्य वस्त्र था जो सभी वर्गों को पहनना अनिवार्य थे। स्त्रियों के अंतरीये काफी आकर्षक था

उस पर सोने के तार की कढाई होती थी कभी कभी मूल्यवान नग का प्रयोग किया जाता था। पुरुषों के पहनने वाले वस्त्र आयताकार कपड़े का टुकड़ा था जो कमर से हिप तक लपेट जाता था।

2. उत्तरीया (Uttariya) - उत्तरीया ऊपर पहनने वाला वस्त्र था। जो कमर के ऊपर प्रयोग किया जाता था। यह मुख्यता एक सूती वस्त्र था मगर कभी-कभी मुख्य अवसरों पर सिल्क का प्रयोग किया जाता था। इस काल में पहनने वाले सभी उत्तरिया वस्त्र सभी जाति व सभी वर्ग के लोग प्रयोग करते थे मगर उनके पहनने की कला अलग अलग थी। उसी से ही उनकी जाति समाज में उसकी श्रेणी के बारे में ज्ञात होता था। 'अंतरिया' की तरह 'उत्तरीया' भी विभिन्न तरीके से प्रयोग किया जाता था। राजासी एवं दरबार में कार्य करने वाले मुख्यता दोनों कंधों पर इसका प्रयोग करते थे। छाती पर "v" का आकार बनाते हुए यह पीछे दोनों से खुले रहते थे। कभी-कभी एक कंधे पर भी इनका उपयोग किया जाता था। स्त्रियाँ इसको मुख्य रूप से ओढ़नी की तरह प्रयोग करती थी। सिर पर इसकी या तो "Hair Band" या कसी हुई टोपी से इसको बांधा जाता था। काफी ज्यादा अलंकृत होता था जिस पर काफी फूंदनों का प्रयोग किया जाता था। धूप, गर्मी, बरसात एवं ठंड से बचने के लिए इसका प्रयोग किया जाता था।

3. (Ushnisa) उष्णीश - सिर पर पहनने वाले वस्त्र एक पगड़ी की तरह सिर्फ और बांधा जाता था जिसको बालों के साथ लपेटते हुए पगड़ी का स्वरूप दिया जाता था। उष्णीश मॉर्या वंश के समय ज्यादा प्रचलित थे। बाद में "उष्णीश" को मुकुट का अभिप्राय समझा जाने लगा था। गुप्त काल तक आते-आते हम (Cut & siew) काटने एवं सिलने की पद्धति के बारे में समझ चुके थे। गुप्ता काल में प्राप्त सिक्कों के ऊपर कुशवाहा काल के वस्त्रों को भी देखा जा सकता है। उनके दरबारी ट्यूनिक कि तरह छोटी या लंबी

आस्तीन के साथ पहनते थे। यह वस्त्र ब्रोकेड और सिल्क में बना होता था। इसकी लंबाई घुटनों तक होती थी उसके साथ वह अंतरिया पहनते थे। और अपनी नोबल्टी दिखाने के लिए चद्दर का उपयोग भी करते थे।

इस समय "उष्णीश" समाज की एक जरूरत थी जिसको दरबारीयों को इस्तेमाल करना जरूरी था। राजा की पोशाक नीले रंग की सिल्क एवं ब्रोकेड की होती थी। यह एक तैरते या लहराते वस्त्र (Floating garment) होते थे। इसकी सारी कलाकारी इसके बॉर्डर में थी। काफी महीन एवं कला की दृष्टि से काफी उत्कृष्ट होते थे। कायाबद्ध अब तक कमर पर बांधने वाली बेल्ट का रूप का रूप ले लिया था। यह बेल्ट साधारण और कभी कभी उस पर नग लगे होते थे। इस समय तक काफी आभूषण पहनने की परंपरा भी आरंभ हो गई थी। पुरुषों के वस्त्रों के मुकाबले स्त्रियों के वस्त्रों की भिन्नता और उसमें आई तब्दीलियां को काफी अच्छे से समझा जा सकता है। स्त्रियों के पहनने वाला अंतरिया 18-36 इंच चौड़ा एवं 4-8 मीटर लंबा होता था। जिसको विभिन्न तरीके से लपेटा जाता था। लपेटने की एक विधि में यह है लहंगे जैसा दिखता था। दूसरी विधि में धोति या सेरॉन्ग जैसा।

मुख्य अंतरिया स्टाइल दो तरह के होते थे।

समाज की सम्रान्त वर्ग की महिलाएं पिंडली तक लंबे अंतरिया पसंद करती थी जबकि दासिया एवं निम्न वर्ग की महिलाएं छोटे अंतरिया पहनती थी जिसकी लंबाई उनके हिप तक होती थी।

आगे चलकर इन दो अंतरियो से ही पारंपरिक भारतीय पोशाकों का अविष्कार हुआ। महाराष्ट्र में पहनने वाली साड़ी इस कच्चे स्टाइल अंतरिया का परिष्कृत रूप है। जबकि उत्तर भारत में पहनने वाली लूंगी लहंगा एवं साड़ी कलनिका (Calnika) एवं अनरिया (Anariya) का परिष्कृत रूप है। श्रौका (sholaka) श्लोका चोला (chola) चोकिका (Chokika)

कनचोलिका (kancholika) यह सब शब्द ब्रेस्ट बैण्ड (Breast Band) के लिए प्रयोग किए जाते थे। आरंभ में सिर्फ एक आयताकार कपड़ा था जिसको ब्रैस्ट को ढकने के लिए प्रयोग किया गया फिर एक चौरस कपड़ा आया जिसको गले से काट कर प्रयोग किया जाने लगा। उसके बाद में उसमें दो डोरियाँ होती थी जिसको गले पर बांधा जाता था। उसके बाद चौरस कपड़े को सामने से गांठ बांधकर प्रयोग किया जाने लगा उसके बाद धीरे-धीरे आज की आधुनिक चोली तक का सफर रहा है।

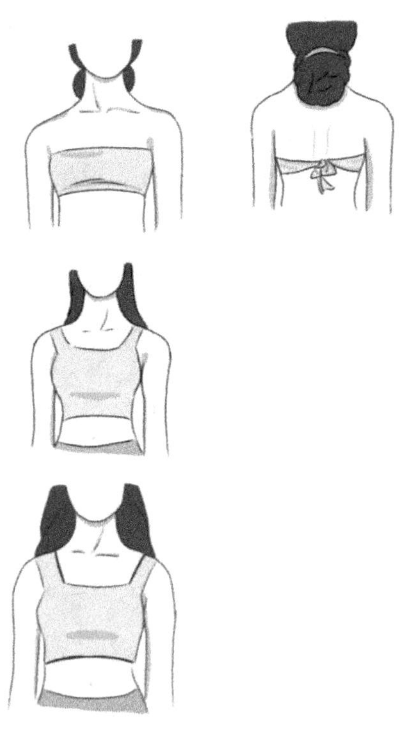

Ushnisha (उष्णीश) उष्णीश सिर पर बांधने वाला वस्त्र होता था जिसको बालों के साथ ही लपेट का प्रयोग किया जाता था । बालों के साथ जुड़ा (Bun) बनाने पर यह मुकुट की तरह लगता था। कभी-कभी सिर पर बैंड की तरह प्रयोग करके एक तरफ खुला छोड़ दिया जाता था। बाद में उसे ओढ़नी की तरह प्रयोग किया जाने लगा। जुड़े में पिन से अटका दिया जाता था।

मध्यकालीन भारत

मुगल वंश एवं राजपूताना वंश के समय भारतीय परिधानों में काफी परिवर्तन आया । यह परिवर्तन कपड़ा, स्टाइल, कशीदाकारी सभी में था। एक मूलभूत सोच का परिवर्तन था। समाज के लचीलेपन ने इस सोच को बढ़ावा दिया। हिंदू और मुस्लिम संस्कृति के समावेश से एक नई संस्कृति का आगाज हुआ। मुगल काल जिसकी नीव 1526 मैं हुई वह अकबर के शासन काल में पूर्ण रूप से फलित हुआ मुगल काल में परसियन संस्कृति (Pursian culture) का मिश्रण हिन्दु कला (Hindu Aesthetics) के साथ हुआ और इनके समावेश का एक अनोखा स्टाइल उभरा। अगर हम उस समय की मिनिएचर पेंटिंग्स को ध्यान से देखने पर मुगल काल की संस्कृति के बारे में पता चलता है। सभागार के दृश्य देखते हुए उनके परिधान जो भी टेलर्ड धान काफी चुस्त और उसके साथ ढीले ढाले पजामी थे। सभी मिनिएचर में परसियन पटके पर एक बेल्ट बांधी जाती थी जो कि मोती और गोल्ड की बनी होती थी। एवं हिंदू मोटीफ देखने को मिलते हैं। बॉर्डर जिसमें सारे प्राकृतिक दृश्य हैं उसमें वृक्ष परिंदे एवं जंगली पशु पक्षी में परिभाषित है। यही नहीं मेहराबे, पेसलेस या कैरी (Paislay) के डिजाइन भी है। नूरजहां एक अच्छी राजनीतिक ही नहीं एक फैशन डिजाइनर भी थी उसने शिफॉन से मिलता-जुलता वस्त्र बनाया जिसको अनारकली सूट बनाने में प्रयोग किया जाता था। यही नहीं कशीदाकारी या कढ़ाई के डिजाइन को बनाने से पहले उसकी दीवारों और फर्श पर उकेरा जाता था तथा रंग संयोजन को परखा जाता था।

पुरुषों के वस्त्र अकबर ने एक नए कुर्ते का अविष्कार किया जिसको उसने चौकदार कुर्ती के नाम दिया। उसमें 6 कालियां होती थी अकबर ने कुर्ते और राजस्थान के अंग रखे को मिलाकर "चोकदार कुर्ते" का निर्माण कराया और

उसके साथ पटका जो की कमर पर बांधा जाता था उसकी चौड़ाई कम होती थी जो सामान्यता ब्रोकेड का बना होता था। उस पर ज्यामितिय डिजाइन होता था उसके साथ चूड़ीदार पायजामा होता था जो कि ढीला ढाला होता था। पैरों में नोकीली जूतियां होती थी जिस पर जरी का काम होता था। सिल्क या ब्रोकेड से बने यह वस्त्र सर्दियों में पहने जाते थे। गर्मियों में स्टाइल तो यही होता था।   मगर उसका कपड़ा बदल जाता था। मलमल या आरगेन्जा या कोई भी हल्के कपड़े जो की गर्मियों के लिए उपयुक्त हो उसका प्रयोग किया जाता था। वस्त्रों में काफी परिवर्तन अकबर ने किया उसने सर्दी में पहनने के लिए "दोशाला" का आविष्कार किया। "दोशाला" दो पशमीना शालों को जोड़कर बनाया जाता था। दोनों शालू पर की गई कढ़ाई एकदम एक जैसी थी तथा उसको इस तरीके से जोड़ा जाता था कि वह देखने में एक शॉल ही प्रयुक्त होता था। जहांगीर एक कला प्रिय शासक था उस के शासनकाल में फैशन की दृष्टि से वस्त्रोवा आभूषणों में काफी परिवर्तन देखने को मिले। उसने रंग संयोजन के बदलाव तथा आभूषणों पर भी काफी जोर दिया ।   उसने सोने चांदी के साथ-साथ नौ रत्नों के ऊपर भी काफी कार्य किया। मुख्य तौर पर मुगल काल में संपूर्ण वस्त्र शैली को निम्न तरीके से समझा जा सकता है।

टेक्सटाइल बनाने के लिए जिस कपड़े का प्रयोग किया जाता था वह उत्तम किस्म का मलमल था जिसकी किनारों पर ब्रोकेड का काम था सिल्क और नेट का भी प्रयोग किया जाता था ।

पुरुषों के वस्त्र

डिजाइन एवं मोटिक - वस्त्रों के ऊपर परसियन डिजाइन का प्रभाव देखने को मिलता है। वैसे तो पैसलेस या कैरी (Paislays) के डिजाइन बनाए जाते थे मगर ज्यामिति और बाद में प्रकृति से भी डिजाइन निकाले गए।

स्टाइल - फिटिंग एवं घेरदार वस्त्रों की शुरुआत हुई। इसके साथ ही समाज में सलवार सूट, अंगरखा एवं शरारा भी सामान्य जनता लोकप्रिय हुआ। उनके स्टाइल को तीन भागों में विभाजित किया जा सकता है।

1. अब – ए – खान – (Ab – e – Rawan) – (Running Water)

2. बफ्त हवा – (Baft Hawa) – (Wooven air)

3. शबनम – (Shabnam) – (Evening dew)

पुरुषों के वस्त्र

1. जामा : - वास्तव में जामा परसिया और सेंट्रल एशिया में पहना जाता था। परसिया (Persian) में जामा का अर्थ है बाहरी वस्त्र गाउन और कोट। जिसको पायजामा के साथ पहना जाता था। जबकि मुगल काल में पहनने वाला जामा एक फ्रॉक कोर्ट था जिसको किनारे से खोला जा सका था। वास्तव में जामा बाडीज से टाइट फिटिंग (कमर तक) उसके बाद उसमें एक घेरदार स्कर्ट थी जिसकी लंबाई घुटने या पिण्डली तक होती थी।

2. चोगा, चोगा एक प्राचीन वस्त्र है जो हर संस्कृति वह चाहे परसिया, मंगोलियन या सुमेरियन हर सभ्यता में देखने को मिलता है। मुगल काल में पहने जाने वाले चोगा पूरी बाहों का कोट था जो सामने से खुला होता था जिसकी लम्बाई घुटने तक होती थी।

नीचे पहनने वाले वस्त्र

धोती एवं पायजामा उस समय की पेन्टिगंस को ध्यान पूर्वक देखने से पता चलता है कि उस कालखंड में पहनने वाले पायजामा ऊपर से ढीले एवं नीचे से टाइट होते थे जिसमें पैरों पर काफी चूड़िया या घेर होता था। आरंभ में पायजामा हल्के रंग का था जबकि बाद में गहरे रंग तथा फिर जामा के साथ मैचिंग होता था। राजपूत या हिंदू समुदाय के लोग धोती का प्रयोग करते थे।

सिर पर पहनने वाले वस्त्र

पगड़ी उस वक्त सबसे प्रभावशाली वस्त्र पगड़ी था। जो कि बहुत तरीके से पहनी जाती थी। पगड़ी सिली हुई होती थी। यह पहनने वाले के जात धर्म उसके सामाजिक स्टेटस के अनुरूप पहनी जाती थी। किसी की भी पगड़ी हटवा देना उस वक्त उसकी सामाजिक प्रतिष्ठा की हानि या उस अमुक व्यक्ति की महा हानि होती थी।

पटका - कमर पर पहनने वाले वस्त्र जिसको बेल्ट की तरह पहना जाता था। एक आयताकार वस्त्र होता था जिसमें नग एवं सोने चांदी के तारों से नक्काशी होती थी। पटका सोने एवं नग से जड़ी तलवार एवं कीमती सामान को रखने के लिए प्रयोग किया जाता था।

स्त्रियों के पहनने वाले वस्त्र : -

पेशवाज़ (peshwaz) - एक ढीला ढाला जामा जैसा वस्त्र जो कि सामने से खुला हुआ होता था। पेशवाज़ कमर से टाइट तथा हाई वेस्ट होता था इसकी लंबाई घुटने तक होती थी । इसको बनाने के लिए काफी अच्छे किस्म के वस्त्रों का चुनाव किया जाता था। काफी पारदर्शी मलमल का बना होता था जिसमें उसके स्कर्ट घर बनाने में प्रयोग किया जाता था।

पेशवाज़ की बाजू पूरी एवं आगे से चुन्नट होती थी ।

यलक (Yalak) - एक लंबा ट्यूनिक जिसकी बाजू छोटी एवं लंबाई फर्श तक होती थी।

पायजामा (Pai - Jana) पाय जामा एक पारसी शब्द हें जो दो शब्द पाय एवं जामा से मिलकर बना था। पाय का अर्थ है पैर और जामा का अर्थ है ढ़कना पैरों को ढ़कने वाले वस्त्र का नाम पायजामा। पायजामा के अन्तर्गत काफी सारे वस्त्र आते थे : -

- चूड़ीदार – बाईस पर काट कर जितनी लंबी पैर निकाले जा सकते थे निकाले जाते थे ताकि पहनते वक्त पैरों में चुन्नट आ सकें।

- सलवार : तिकोने कपड़े को काट कर बनाया जाने वाला वस्त्र जिस में नीचे पोंचा बनाया जाता था।

- ढिलीजा (Dhilija) एक स्त्रियों का पहनने वाला सादा पायजामा जो सिल्क (silk) में बनता था। जो चौड़ा एवं सीधा सपाट होता था।

- गरारा (garara) : घुटने तक टाइट एवं उसके बाद उसमें काफी चुन्नट होती थी।

- फरशी (farshi) एक ऐसा पायजामा जो की देखने में स्कर्ट की तरह था घुटने तक बगैर स्लिट के टाइट स्कर्ट एवं उसके बाद उसमें काफी प्लीट या चुन्नट डाली जाती थी। इसकी लंबाई फर्श तक होती थी।

सिर पर पहनने वाले वस्त्र टरबन या पगड़ी – मुगल सिर पर पगड़ी पहनना पसंद करते थे। यह पगड़ी काफी ज्यादा कलात्मक होती थी उस पर काफी ज्यादा नगीने लगाए जाते थे।

टोपी – टोपी सिली हुई एवं पगड़ी से ज्यादा सजाई जाती थी। इसकी काफी ज्यादा किस्में थी।

- चौगिरिया (chau-goshia) इसमें चार segments थे।

- क्यूबेदार (Quebbedaar) बतख के तरह दिखती थी।

- काशी (Kaashi) – नौका की तरह

- दुपाली (Dupaali) – सामने से छोटा केप तथा उसके आगे और पिछे शैप था।

- नुक्केदार (Nukkedar) जरूरत से ज्यादा सजावटी समान के साथ

- मंडिल (Mandil) काले शनील की बनाई जाती थी उस पर सोने एवं चांदी के तारों से कड़ाई की जाती थी।

आभूषण – मुगल काल में आभूषण काफी पहने जाते थे या कह सकते है मुगल स्त्रियाँ आभूषण की काफी शौकीन थी। शरीर का कोई भी अंग ऐसा नहीं था जिसको वह आभूषण से अलंकृत नहीं करती थी। सिर से लेकर पैर तक सभी अंगों पर कई तरीके के आभूषण का प्रयोग होता था।

पैरों – पैरों में जूतियाँ पहनी जाती थी। जूतियाँ भी काफी डिजाइन की बनाई जाती थी। स्त्री और पुरुष दोनों ही जूतियाँ का प्रयोग करते थे। तथा यह जूतियाँ काफी ज्यादा कलात्मक एवं आकर्षक होती थी।

आधुनिक फैशन

आज के आधुनिक फैशन को समझने से पहले हमें दोनों विश्व युद्व को समझना पड़ेगा। प्रथम विश्व युद्व जो 28 जुलाई 1914 से आरंभ हो कर 11 नवंबर 1918 तक चला। वास्तव में युद्ध और फैशन दोनों का ही आपस में कोई संबंध नहीं है। मगर विश्व युद्ध नें लोगों की जीवन शैली ही नही बदली अपीतू फैशन को देखने का नजरिया ही बदल गया। इन दोनों विश्वयुद्ध उनके बीच के अंतराल, और युद्ध के बाद की स्थिति ने समाज की आर्थिक सामाजिक ढांचा बदला और फैशन में भी मूलभूत परिवर्तन किये।

प्रथम विश्वयुद्ध (1914-1918)

- विश्व युद्ध से पूर्व पेरिस फैशन का केंद्र बिन्दु था। मगर युद्ध के दौरान आपास में कोई भी संबंध न रखने के कारण न्यू यॉर्क एक फैशन केंद्र के रूप में उमरा। नए फैशन डेसिगनरों ने कपड़ों में व्याववहारिक सोच ही नहीं राखी अपितु उसमें नजाकत का भी मिश्रण किया।

- प्रथम विश्वयुद्ध के दौरान पुरुष युद्ध के लिए गए ऐसे में घर एवं बाहर का कार्य स्त्रियों को पूर्ण करना पडा वह स्त्रीया एवं किशोरियाँ जो पूर्व में सिर्फ ग्रहणी थी वह अब बाहर निकल कर कार्य करने लगी।

- चूंकि कार्य करने का स्थल, फैक्ट्री, अस्पताल या फार्म थे। कहने का अभिप्राय अब वह ड्राइवर, नर्स, अध्यापिका एवं ऑफिस में कार्य कर रही थी। इन कार्य क्षेत्रों का अपना यूनिफॉर्म था। उन्हें अपने कार्य को पूर्ण करने के लिए उन यूनिफॉर्म को पहनना अनिवार्य था। पूर्व में पहने जाने वाले वस्त्र अव धीरे – धीरे अपना महत्व खोते जा रहे थे।

- लोगों ने एक सीधी साधी जीवन शैली को अपनाया। स्त्रियाँ अब कम ज्वेलरी पहनती थी। वो विलासिता पूर्ण कपड़ों और कुर्तों की सोच को तिलांजलि दे दी। चूंकि अब वह समाज में एक नया रोल निभा रही थी। आर्थिक मोड़ पर भी पुरुषों के साथ कंधे से कंधा मिला कर कार्य कर रही थी। ऐसे में उन्होंने विलासिता से ऊपर कम्फर्ट कपड़ों को अपनाया। स्कर्ट छोंटी हो गई एवं उनका "लुक" सोबर एवं मयूटिड था।

- 1914 के स्प्रिंग कलेक्शन (spring collection) में एक नया फैशन ट्रेंड हुआ जिसको "war crinoline" का नाम दिया गया जिसमें घंटी (bell) के आकार की स्कर्ट थी जिसके ऊपर एक चौड़ी (wider) ओवर स्कर्ट (over skirt) पहनी जाती थी। इसी के साथ चौड़े कॉलर की शर्ट पहनी जाती थी। मगर क्रिटिक्स (critics) को वो ज्यादा पसंद नहीं आयी। 1915 के स्कर्ट की हेम लाइन (hemline) पिंडलियों (calf) से ऊपर हो चुकी थी। मगर यहाँ पर परंपरावादी समूह ने इस गैर-परंपरावादी स्कर्ट को नापसंद किया।

- 1919 में फिर से लंबी स्कर्ट का फैशन आया । जिसकी लाइन साफ सुथरी (clean line) एवं नैचरल वेस्ट लाइन (Natural waist line) थी।

दो विश्वयुद्ध के मध्य की अवधि (1919-1939)

1918 में प्रथम युद्ध के समाप्त होने पर विश्व उस त्रासदी को दु: स्वप्न समझ भूलने कर में लग गया। युद्ध ने एक नए फैशन को जन्म दिया यह फैशन, युद्ध पूर्व परंपरावादी वस्त्रों एवं युद्ध के बाद के व्यवयहारिक वस्त्रों का गठबंदन था। कुछ कपड़ों को बिल्कुल ही नकार दिया गया। लॉग ड्रेससेस को छोड़ दिया गया। जीवन शैली में काफी परिवर्तन आया अब लोग अपनी जीवन शैली को काफी सक्रिय बनाया जिसमें तैराकी (swimming) नृत्य (jass dance) एवं पर्यटन (travelling) मुख्य थे। जिससे वह अपने को फिट एवं टोंड महसूस करते थे। यही नहीं हॉलिवुड (Holly wood) ऐक्ट्रस न्यू

फैशन आइकन थी। नई आधुनिक नारी ने छोटे बॉब्ड बाल (Bobbed hair) स्कर्ट, simple blouse को अपनाया। इस व्यक्त happer look काफी लोकप्रिय हुआ। अर्थव्यवस्था की मंदी बेरोजगारी एवं युद्ध की भयवयता के कारण महंगे एवं विलासी वस्त्रों का मोह भंग हो गया। अब तक सिलाई की मशीनों का आविष्कार हो चुका था। बहुत सारी स्त्रियाँ अपने पसंद के वस्त्र अपने आप ही तैयार कर लेती थी। यहाँ तक की ईव्निंग गाउन में फैन्सी

कपड़ों की जगह सूती (cotton) वस्त्रों का प्रयोग होने लगा। साथ ही सस्ते कपड़े (mass production) एवं बड़े डिजाइनर के कॉपी नकल (copied design) करे डिज़ाइनिंग वस्त्र काफी लोकप्रिय हो गए। फ्रेंच डिजाइनर की जगह धीरे – धीरे अमेरिकन डिजाइनर ने ले ली।।

द्वितीय विश्व युद्ध (1939-1945) एक फिर से युद्ध की विभीषिका को पूरे विश्व ने झेला। सिर्फ फैशन इंडस्ट्री ही नहीं सारे के सारे उद्योग और जीवन शैली पर इसका व्यापक प्रभाव पड़ा। द्वितीय विश्वयुद्ध को फैशन, समाज एवं राजनैतिक गतिविधियों के लिए अच्छे से जाना जाएगा।

इस वक्त क्लैसिक फैशन स्टाइल ने अपने जगह बनाई। युद्ध के कारण बाजार में कपड़े की कमी हो गई। फैशन में प्रयोग होने वाले सभी युद्ध में कहीं न कहीं प्रयोग हो रहे थे। नायलॉन और ऊनी कपड़ा मिलिट्री में तथा जपनीस सिल्क पर अमेरिका ने बैन लगा दिया था जिसके रियॉन ही एक ऐसा कपड़ा था जो वस्त्र बनाने में प्रयोग हो रहा था। चूंकि ऊनी (woollen fabric) कपड़ा युद्ध में प्रयोग हो रहा था उसके जगह ऊँन एवं रियान को ब्लेन्ड कर के एक नया प्रयोग किया गया।

अगर उस वक्त के फैशन को ध्यानपूर्वक देखते है तो निम्न बाते उल्लेखनिय है। एक तो काफी लोकप्रिय हुआ। मुख्य : दो कारण – एक तो कारखानों में काम करने के कारण वह एक यूनिफॉर्म बन गया दूसरा युद्ध के समय ओवर आल (over all) एक ड्रेस थी जिसको पहन कर भागा जा सकता था। पैंट भी काफी लोकप्रिय हुई। उसकी काफी विविधताएं भी देखने को मिली। घर ही नहीं ऑफिस में भी पहनने के काम आयी। स्टॉकिंगस (stockings) जो की सिल्क में बनती थी या फिर नायलॉन में। और दोनों कपड़े उपलब्ध नहीं थे। बॉबी सॉक्स फैशन में आयी। तथा साथ में कई डिजाइन के hat भी बाजार में आए। कमर से चुस्त कपड़े और देखने में सादगी से भरे वस्त्र थे।

- विश्वयुद्ध के समाप्त होने के बाद भी फैशन में एक दम परिवर्तन नहीं आया। ट्रॉपिकाना प्रिन्ट के कपड़े का प्रयोग अभी भी चल रहा था। सबसे मजेदार तथ्य यह था की एक बार फिर से फ्रांस फैशन का गण बन गया था। हर देश में अलग – अलग डिजाइनर का समूह था जिनके बनए गए डिजाइन अलग – अलग धूम मचा रहे थे।

आधुनिक फैशन (भारत)

जैसे – जैसे विश्व पर विश्वयुद्ध का असर हुआ। वैसा ही प्रभाव हमे यहाँ भी देखने को मिला। मगर परंपरागत भारतीय पोशाकें देश मे ही नहीं विदेश में भी अपना स्थान बनाने में सफल हुई। पूरी 20 वीं शताब्दी में भारतीय फैशन पर आर्थिक, समाजीक एवं राजनैतिक प्रभाव दिखा। मगर फिर भी भारतीय संस्कृति का प्रभाव परंपरागत वस्त्रों पर ज्यादा था इसलिए पश्चिमी सभयता का प्रभाव कम रहा।

1900- 1910

- अंग्रेजी राज

- पक्षचमी सभ्यता का आगमन

- बंगाल के ब्रह्म समाज ने सर्वप्रथम अंग्रेजी राज और पक्षचमी सभ्यता को अपनाया।

- परंपरागत साड़ी एक लोकप्रिय परिधान

- ब्लाउज पर पक्षचमी सभ्यता का प्रभाव, विभिन्न डिजाइन की बाजू (sleeve) लैस एवं कढ़ाई का प्रयोग।

- समय के साथ सिले हुए पेटीकोट का प्रचलन

- मुगल कालीन सोने चांदी की कड़ाई की लोकप्रियता भी थी।

- **1910-1920**

- पक्षचमी सभ्यता का "Roaring Twenties" और Flapper Movement की लोकप्रियता जिसने bustles, waist less hip less वस्त्र का प्रचलन

- भारत में भी इसका असर साड़ी को लपेटने में बदलाव

- प्लीटस एवं पल्लू

- ब्लाउज के डिजाइन मे सादगी

- **1920-1930**

- साड़ी में बदलाव

- साड़ी सीधा या उलटा पल्लू में पहनने का प्रचलन

- पक्षचमी सभ्यता के पेडिड शोल्डर के साथ पफ बाजू वाले ब्लाउज

- फ्रेंच शिफान का प्रभाव भारतीय शिफान साड़ी पहला फैशन शो – 1930 पुना

- पश्चिम मोडेल के द्वारा पक्षचमी वस्त्रों का प्रदर्शन

- कोर्ट एवं पैंट

- **1930-1940**

- साड़ी के साथ फिटिड लंबे ब्लाउज के साथ

- ब्लाउज में ¾ या पूरी बाह को बाजू इसके साथ हुई नेक या चाइनीज बैंड नेक लाइन

- गांधीजी का खाड़ी आंदोलन

- पूरा प्रभाव फैशन पर खादी कुर्ता, पाजामा, साड़ी, टोपी

- खाड़ी आंदोलन का प्रभाव सभी जाति एवं धर्म पर

- **1940-1950**

- भारतीय राजनेता जवाहरलाल नेहरू, गांधी का फैशन पर प्रभाव

- नेहरू का कुर्ता पाजामा एवं अचकन

- गांधी टोपी एवं जैकिट

- नेहरू जैकिट पूरे विश्व में फैशन की दृष्टि से मील का पत्थर काले रंग की

- अचकन, सेफद चुस्त पाजामी के साथ, लाल गुलाब पुरुषों के फैशन में एक नया प्रयोग।

- 1950 तक आते – आते फैशन में बदलाव।

- ब्लाउज की लंबाई छोटी होनी शुरू

- डॉट्स, कपकट का आरंभ

- ब्लाउज पर कशीदाकारी, काड़ाई, शीशा, सीप आदि का आरंभ द्वितीय विश्वयुद्ध के पश्चात स्त्रियाँ का बाहर कार्य हेतु जाना

- सलवार कमीज जो अब तक पंजाब में सीमित थी अब व्यवसाय के कारण आम जनता ने अपनाया।

- कोटी या बंडी का प्रयोग सलवार कमीज के साथ

- **1950-1960**

- फैशन की दुनिया का सुनहरा दौर

- एक बदलाव स्ट्रीट फैशन का आरंभ

- हिप्पी कल्चर एवं बड़े – बड़े फूलों वाले प्रिन्ट की लोकप्रियता

- पक्षचमी देश में मिनी स्कर्ट एवं उसके साथ लंबे बूट (Long boot) का प्रचलन

- भारत में इसका प्रभाव पञ्जाबी सलवार सूट पर दिखा जो की लंबाई में छोटे होते गये।

- टाइट स्किन फिटिड टॉप एवं पुल ओवर

- टाइट चूड़ीदार एवं कुर्ती उसके साथ दुपट्टा

- नायलॉन पैंट जिन्हें "स्लैक्स" कहा गया

- दुपट्टा महीन (sheer) कपड़े के थे – नायलॉन, नेट, शिफान

- स्टिच साड़ी फैशन में

- नाभि से नीचे तथा छोटी साड़ी जो की घुटने तक बांधी जाती थी।

- शीर फैब्रिक शिफान एवं चिनॉन साड़ी में तथा मोती की माला

- पैंट में बैल बाटम, चाइनीज पैंट, तथा हिप्पी कल्चर के आने से डेनिम फैशन में।

- मेकप में न्यूड एवं पिंक लिपीस्टीक तथा हेवी आई मेकअप

- परंपरागत वस्त्रों का उपयोग अभी भी लोकप्रिय था लखनवी शरारा, गरारा तथा लहंगा भी फैशन में था।

- इसके साथ लॉग एवं शॉर्ट, स्कर्ट, रेप, एराउंड स्कर्ट भी फैशन में थी।।

- फैशन शोज बड़े – बड़े शहर, दिल्ली, बॉम्बे, लखनऊ में होने लगे थे।

- बड़े फैशन प्रोग्राम मिस वर्ल्ड, मिस अर्थ, मिस ऐशीया इसके लिए फ़ैमिना फैशन मेगज़ीन ने 1965 में सपोनसोर्स शिप प्राप्त की।

- पेंसिल हिल फैशन में लोकप्रिय

- **1960 – 1970**

- वापस से अपनी संस्कृति को जानने की कोशिश

- आर्टिफिशल फाइबर (नायलॉन, रेयान) से बने वस्त्रों की अपेक्षा प्राकृतिक रेशों से बने (जुट, सूती) वस्त्र ज्यादा लोकप्रिय

- टेक्सटाइल इंडस्ट्री ने वापिस अपनी खोई हुई जगह बनानी शुरू की।

- सरकार ने लघु उद्योगों की शक्ल में हर राज्य के टेक्सटाइल को बढ़ावा दिया।

- साड़ी पहनने की कई नई विधियों का आविष्कार हुआ देसी और विदेशी दोनों का ही समावेश हुया। लूँगी स्टाइल, बटफ्लाइ, स्कर्ट, कुर्गी स्टाइल।

- इन सबको लोकप्रिय बनाने में हिन्दी सिनेमा का अहम योगदान चूड़ीदार, सलवार, लूँगी, अभी तक फैशन मे थी। सिर्फ दुपट्टे का स्टाइल बदल गया।

- चप्पलों में अब ब्लॉक, हील के साथ साथ वुत्स भी फैशन में था।

- **1970-1980**

- फैशन के क्षेत्र में अपनी पहचान कायम करने का दौर

- सरकार का टेक्सटाइल प्रोजेक्ट्स पर ध्यान

- N.I.D नैशनल इंस्टिट्यूट ऑफ डिज़ाइनिंग की स्थापना

- भारतीय डिजाइनर की अलग पहचान तथा विश्व फैशन के पटल पर अपनी पहचान के साथ देश की संस्कृति की भी पहचान।

- पश्चिम फैशन, पैडिड शोल्डर, टाइटली, बेल्टिड वेस्ट, हिप लेंगथ तक पेपलम की पहचान

- भारत में धोती पैन्टस, काउल पैन्टस, हेरूम पैन्टस, पटियाला सलवार के साथ साथ साइकलिंग शॉर्ट्स, केपरी भी लोकप्रिय थी।

- अपर टॉर्सो (Uppertorso) में टॉप, शर्ट एवं ब्लाउज की वेरामटी थी।

- शोल्डर पैड, मटन औ स्लीव, पम्प स्लीव के साथ – साथ किमोनो स्लीव भी फैशन में थी।

- **1990-2000**

- वापिस से फैशन की सभी धराएं चिक फैशन, हिपहोप, हिप्पी रीवाइवल सभी कुछ

- T.v. चैनल्स पर फैशन व स्टाइल को लेकर प्रोग्राम

- फैशन सिर्फ शहर में ही नहीं अपितु ग्रामीण क्षेत्र में भी लोकप्रिय

- हॉट कुर्तों के साथ साथ प्रेट–ए–पॉटर भी समांतर थे।

- हॉट कुर्तों काफी महंगे वस्त्रों का संग्रह है जिसमें कड़ाई व कढ़ाई से संबंधित कच्चा माल महंगा ही नहीं अपितु एक डिजाइनर के लेबल के साथ और भी महंगा।

- मध्य वर्ग के लिए प्रिन्ट ए पॉटर की श्रेणी में विकास

- फैशन शाज लोकप्रिय

- F.D.C.I. Fashion Designer Council की स्थापना

- N.I.F.T National Institute of Fashion Technology की स्थापना

- Ministry of Textile का सीधे रूप में फैशन डिजाइनर एवं प्रयोगात्मक दृष्टिकोण मदद व संबंध

- पुरानी फैशन तकनीकी को फिर से जीवन दान

- प्रधानमंत्री स्किल्ड प्रोयोजना में फैशन के क्षेत्र में नये रोजगार की पहल

- फैशन को लेकर समाज की मूलभूत सोच में परिवर्तन परंपरागत परिधानों के साथ साथ पक्षचमी परिधानों का भी समाज में स्वागत

- फ्यूज़न परिधानों की भी लोकप्रियता

संक्षिप्त में :-

प्राचीन भारत के वस्त्रों की विशेषताएं

- सिले हुए वस्त्रों की अनुपस्थिति

- स्त्रियों के मुख्य तीन वस्त्र

उत्तरिय	
अवतरिय	
अंतरीय	वैदिक काल
कट्टीबंध	

कंचुकी	
धोती	
आँचल	कुशवाह काल
कट्टीबंध	

- विभिन्न तरीके से कपड़े को बनाना जामदानी, बूटीदार, इक्कत

- भारतिए वस्त्र सूती एवं फ्लैक्स

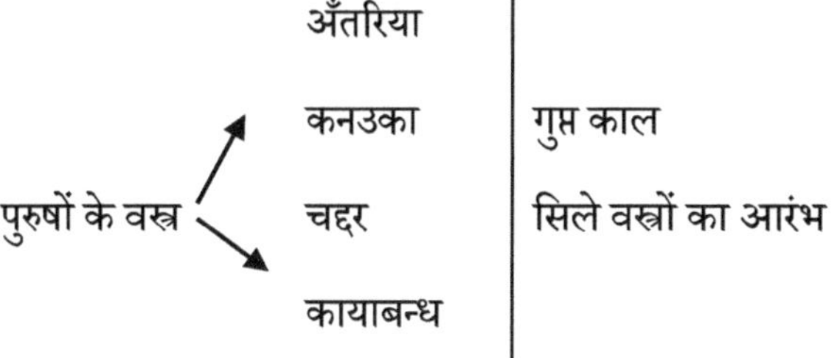

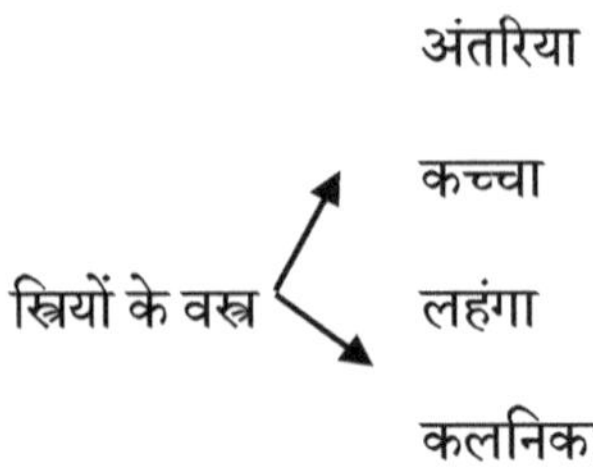

अँतरिया

बर्निवासनी (Bhairnivasani)

घाघरी

अर्घ होरुका

(Car Dhoruka)

श्रोका, चोला,

चोली, कंचुलिका (Breast Band)

सिर पर पहनने वाले वस्त्र

जैन और बुधकाल

अंत: वस्त्र

- बालों को बनाने के कलिष्ठ प्रयोग

- खुले बाल

- जुड़ा

- रत्नजली (रत्नों की जाली)

- मुकताजाल (मोतियों की जाली)

- टियारा (फूलों की माला)

- पुरुषों के बाल – लंबे, घुँघराले, सिर पर पटका

आभूषण :-

- हिराना (Hirana) सोने के आभूषण

- सोने को मोड कर, पीटकर पतले तार के आभूषण (Filgree, Twisted wire, beaten work)

- रत्न जड़ित आभूषण

- कुण्डल (कान)

- बाली बटन कर्णफूल

- सुत्रा (गले में पहनने वाले)

- हेम सुत्रा (सोने का रत्नजड़ित हार)

- मुक्तावली (मोतियों का हार)

- ताराहार (बड़े मोतियों का हार)

- विजयंतिका (रत्नजड़ित हार) मोती, रूबी, हीरा, पन्ना

- निश्का (स्वर्ण मुद्रा से बना हार)

- बाजूबंद (बाजू में पहनने वाला)

- अंगड़ा (मुड़ा हुए सांप की तरह)

- वाल्या

- अंगुलिया (अंगूठी)

- कहीसुत्रा (कलर में पहनने वाले बेल्ट)

- पड़ापत्रा (नीचे पहनने वाले तंगड़ी)

- मेखलता (काफी नीचे हिप पर पहनी जाती थी तथा अँतरिया के साथ बांधी जाती

- किन किनी (पायल)

- नूपुर (घुंघरू वाली पायल) –

- सफेद फूल – राजा

- लाल फूल – रानी

- फूलों का गुलदस्ता – फौज से संबंधित

- लंबी फूलों की माला – सामान्यव्यक्ति

मुगल काल के आभूषण

- ईरानी और हिन्दू कला का मिश्रण

- जहांगीर से पगड़ी पर लटकने वाले रत्न

- भारी सोने के आभूषण

- आधे चाँद की तरह कान में पहनने वाले आभूषण

- कर्ण फूल में आधे चाँद के साथ मछली का डिजाइन

- रत्न एवं कुंदन का प्रयोग

- राजस्थान की मीनाकारी एवं फूलों की आकृति

- जडायू आभूषण

पुरुष

- जिंगा (Jigha)

- सरपती (Sarpati)

- सरपेंच (sarpanch)

- कलगी, मुकुट, तारा, कालीगा

स्त्रियाँ

- बिंदुली (बिंदी)

- काट बिलेदार

- स्पिनल, टिका, झूमर

- मोर भंवर (कान में) बाली, झुमका, पीपल पत्र

- लटकन (गले) आमला, माला, गुलबंद, हमहार, हसूली

- फूल, बेसर, लौंग, बालू, फुली

आधुनिक भारत

- मुख्यत: वस्त्र तीन भागों में विभाजित

- ब्रिटीशर्स काफी अस्तर वाले वस्त्र पहनते थे।

- भारतीय कपड़ा (Exotic)

- विदेशों की पहली पसंद

- ब्रिटिश और भरतीय कपड़े में काफी भिन्नताएं

- सिर पर पहनने वाले वस्त्र (Head gear) दोनों ही पहनते थे।

- व्यस्क बुजुर्ग भारतीय परधानों को सम्मान की दृष्टि से देखते थे।

- नई युवा पीढ़ी ब्रिटिश परिधानों की तरफ आकर्षित

- भारतीय स्त्रियाँ का long gown, Hat, Lace, emb की तरफ रुझान

- चपकन और सैश की जगह अचकन और शेखानी ने स्थान लिया

- कोट की कटिंग में भारतीय स्टाइल का समावेश

- इंग्लिश कोट लंबाई में छोटे होते गए पेन्ट की चौड़ाई ज्यादा होने लगी।

- पाश्चात्य परिधान के साथ साथ परम्परागत परिधान भी लोकप्रिय

- पाश्चात्य परिधान बाहर तथा पाश्चात्य परिधान घर में पहने जाते थे

- स्लीव, कॉलर तथा एमबोइड्री की बहुत सारी विविधताए

- साड़ी की बहुत सारी तरीकों से पहनना तथा साड़ी नाभि से नीचे पहनी जाने लगी थी।

विश्व की प्राचीन सभ्यताए और आधुनिक फैशन पर प्रभाव

"फैशन" ने एक नये संसार की रचना की जिसमें नया कुछ करने का जज़्बा, पुरानी संस्कृति से प्यार और लगातार पसंद का बदलना था। मानव के सजने सवाँरने और कपड़ों को पहनने की शौकीनी ने उसको एक नया पड़ाव दिया। लगातार अपनी पसंद के बदलाव ने एक नया सामाजिक ढांचा का निर्माण

हुआ जिसमें फैशन ने एक महत्वपूर्ण रोल निभाया जबकि नया फैशन पुराने फैशन की नींव पर पैर रख कर ही आगे बड़ा। मगर यह भी सत्ये है की फैशन की यह रैलगाड़ी धीरे – धीरे चली। आधुनिक फैशन प्राचीन फैशन से प्रभावित ही नहीं अपितु बहुत कुछ वैसा ही था।

प्राचीन सभ्यताए वो चाहे मेसोपोटामिया या ग्रीक, मिस्र या ओर कोई भी सभ्यता मगर उन सभी का प्रभाव आज के फैशन पर है।

मेसोपोटामिया सभ्यता

Sumerian	सुमेरियन
Babylonian	बेबीलोनियन
Assyriane	असेयरिन
Chaldean	कलडीन

ऐतिहासिक पृष्ठ भूमि : - समय 3500-3000 बी. सी.

एक महान सभ्यता जो मेसोपोटामिया में विकसित हुई। मेसोपोटामिया आज का आधुनिक ईरान। ग्रीक में मेसोपोटामिया का अर्थ है "दो नदियों के मध्य भूमि" (Land between two rivers) उस भूमि पर रहने वाले लोग "सुमेरियन" कहलाये। "कृषि" और "पशुपालन" उनका मुख्य व्यवसाय था। इन दोनों व्यवसायों से ही समृद्धि और सौभाग्य उस क्षेत्र में आया। समृद्धि से शहरों का निर्माण हुआ। यह नगर और शहर कलिष्ठ सामाजिक ढांचे (Complex Social Organization) के गवाह बने। सुमेरियन संस्कृति शहरी विकास का एक उत्कृष्ट उदाहरण है। इनके शासनकाल में इमारते और सिंचाई के नए संस्थानों का आविष्कार हुआ। इन्होंने इनके साथ – साथ लिखने की कला का भी आविष्कार किया इसके बेबीलोनीयन आए जिनका

काल – समय 2500 – 1500 b. c. था। इनके शासन काल में गठित का चतुर्मुखी विकास था। मगर 1700-1000 b. c. में इनकी सत्ता का धीरे – धीरे पतन होना शुरू हुआ। इसी बीच इनका विकास होना बंद हुआ मगर 1000 b. c. के बाद इन्होंने फिर से विकास के रास्ते में अपने पैर पसारे। "असेरियन" जो की "बेबीलोनीयन" के बाद आए थे, वो समृद्धि लेकर आए। उनके समय को "हैंगगिंग गार्डेन (Hanging Garden) और रुफ गार्डेन (Roof Garden) के लिए जाना जाता है। मगर इन सब के साथ जो एक महत्वपूर्ण तथ्य है वो यह की इस संस्कृति के लोग धार्मिक एवं भगवान से डरते थे।

"समाज एवं सांस्कृतिक परिवेश"

मेसोपोटामिया की 3000 साल का इतिहास उसे एक महान सभ्यता बताता है एक ऐसी सभ्यता जो राजनीतिक दृष्टि से ही नहीं सांस्कृतिक दृष्टि से भी महान थी। मेसोपोटामिया के सामान्य नागरिक एवं व्यवसायिक नागरिक में एक अंतर स्पष्ट रूप से देखा जा सकता है।

1. व्यवसायिक दृष्टि से महान व्यवसायी थे। व्यवसाय पर उनकी पकड़, सोच काफी अच्छी थी। यद्यपि आरंभ में वह सभी चरवाहे व गड़रिया थे मगर धीरे – धीरे व्यवसाय को लेकर उनकी सोच काफी तीव्र होती गई। वो अपने व्यवसाय को प्यार ही नहीं करते थे अपितु उनकी समझ ने उनको एक कुशल व्यवसायी भी बनाया। सस्ता समान – ताम्बा (copper), शंख (shell), मूंगा (coral), मोती (Pearl) आयात किया जाता था।

2. दोनों सुमेरियन एवं बेबीलोनीयन दोनों ही ट्री टायर (Three Tyre) सामाजिक व्यवस्था को मानते थे। जिसमें सबसे नीचे गुलाम, उसके बाद आजाद लोग और सबसे ऊपर व्यवसायी थे। मुख्यत: गुलाम एवं

आजाद लोग गरीबी की रेखा में आते थे। लोगों को व्यवसाय उसकी योग्यता को देखते हुए दी जाती थी। यद्यपि एक पत्नी प्रथा थी मगर लोग एक से अधिक पत्नी भी रखते थे। तलाक भी समाज में एक आम प्रक्रिया थी।

सामाजिक ढांचा

व्यवसायी (Tradder)

आम आदमी (Free person)

गुलाम – (Slave)

टेक्सटाइल (Textile) – Wool या ऊन एक ऐसा महत्वपूर्ण तन्तु था जिससे बने हुए वस्त्र न केवल मेसोपोटामिया के नागरिक प्रयोग करते थे बल्कि उसका आयात भी होता था। दूसरा सबसे महत्वपूर्ण तन्तु फ्लैक्स या लिनन था। जिससे उच्च कोटी के सूती वस्त्र बनते थे। वहाँ के जुलाहे कपड़ा बनने में कुशल थे। और बहुत ही खूबसूरत डिजाइन बुनते थे। मुख्यत: उनके डिजाइन राजसी महिलाये, सोने से बने आभूषण पहनना पसंद करती थी जिसमें बारीकी से काम किया होता था।

Bebilonian – बाबिलोनियन

Textile टेक्सटाइल – कपड़े मुख्य रूप से मोठे प्रयोग होते थे। मगर काफी कलात्मक होते थे। अभी भी ऊन और ऊन से बने कपड़ों का प्रयोग अधिक था। बाद में धीरे – धीरे टेक्स्चर वुवन कपड़े (Textured Woven Fabric) का प्रयोग होने लगा था। उन पर कुछ खास किस्म के टेक्स्चर का प्रयोग होता था। इसमें भी यह सब आयाताकार कपड़े पर बनाए जाते है। टेक्सटाइल में डिजाइनों की बहुतायत थी मगर जैसा कि पहले बताया गया है उस में एक डिजाइन काफी लोकप्रिय था। उस डिजाइन को प्रजनन क्षमता के साथ जोड़

कर देखा जाता था। मुख्य रूप से शादी के साथ ही इन डिजाइनों को पहनना अनिवार्य हो जाता था। अगर यह डिजाइन बिन (weak) कर नहीं बनाए जा सकते थे तो उनको काशदिकारी से एक पट्टी पर बना कर फिर मुख्य वस्त्र के साथ एपलिक (applique / patchwork) विधि से जोड़ा जाता था। चमकीले (bright) रंगों का प्रयोग किया जाता था। उस में लाल रंग के सभी शेड्स नीले (ब्लू), भूरा (brown) जामुनी रंग के दोनों शैड (Dark/ blue purple) के साथ प्रयोग किया जाता था। डिजाइन में स्ट्राइप एवं प्लीड (Stripe / Pleade) पैटर्न भी लोक प्रिय थे। मुख्य तौर पर ज्यामितीय पैटर्न का प्रयोग होता था। कास्टूम (costume) स्त्री और पुरुष दोनों ही अलग – अलग वस्त्र पहनते थे। अब वस्त्र एकलिंगी (यूनिसेक्स) नहीं थी।

पुरुष ऊपर पहनने वाले वस्त्र (Men Upper Garment Costume)

1. लपेटना एवं बांधना (Drapped ropes) एक आयताकार शाल की तरह कपड़े को शरीर के चारों तरफ लपेट जाता था और उसका एक सिरा उलटे कंधे (Left Shoulder) पर लटका रहता थे वो एक स्टाइल था यह स्टाइल उस व्यक्ति के समाज में "रुतबे" ओर "कुलीनता" का परिचायक था। सरल और सरलता से पहले प्रयोग किये जाने वाले (फ्रिंजईस) (फूँदने) एवं तस्सलस, काफी कलात्मक हो गए थे। उसमें कशीदाकारी का प्रयोग भी होने लगा था।

Blouse :- छोटा ब्लाउज जैसा दिखने वाला वस्त्र जिसमें छोटी बाजू भी होती थी।

Lower garment :- रैप एरणड स्कर्ट सभी वर्गों में पहनी जाती थी। गरीब वर्ग के पुरुष सिर्फ स्कर्ट पहनते थे जबकि सेना में उच्च स्तर पर कार्य करने वाले स्कर्ट के ऊपर एपरेन भी पहनते थे। जितना यह एपैरन लंबा होता था वैसे ही उसकी रैंक भी बदती जातई थी बाहर जाने वाले वस्त्र (Outer garment) शाल (Shawl) एवं क्लाक (clock) स्कर्ट के साथ पहने जाते थे। सेना में कार्य करने वाले नागरिक साधारण शॉल के स्थान पर मिलती शाल का प्रयोग करते थे। जबकि प्रयोग करने का तरीका एक सा था।

सिर पर प्रयोग होने वाले वस्त्र (Head dress) इस व्यक्त पुरुष दाडी रखने लगे थे। "पगड़ी" की तरह दिखने वाली टोपी का प्रयोग हुआ। यह टोपी स्मॉल ब्रिम (Small Brim) होती थी।

पैरों में पहनने (foot wear) वैसे तो नंगे पैर घूमना पसंद करते थे मगर बाद में सेंडल को पहन जाने लगा/ स्त्रियों के वस्त्र (कास्टूम ऑफ women) अपर गार्मन्ट स्त्रियाँ (Tunic) टूनिक पहनना पसंद करती थी। यह सिर से फिसलकर पहनने वाला वस्त्र था। जिसमें बाजू एवं नीचे के किनारे कलात्मक होते थे। लपेटने वाला वस्त्र (drapped) आयताकार वस्त्र सीधे हाथ से होते हुए पूरे शरीर पर लपेटा जाता था। और बाकी बचे हुए वस्त्र को उलटे हाथ के कंधे (Left hand shoulder) पर बांदा जाता था। कुछ कुछ यह स्टाइल भारतीय साड़ी के लपेटने जैसा था।

सिर पर पहनने वाले वस्त्र Head dress लंबे बाल लोकप्रिय थे। बालों को गांठ बांध कर या बन बनाया जाता था। सिर के मध्य में यह बनाया जाता था। और उसको साथ नेट या किसी भी कलात्मक वस्त्र का प्रयोग किया जाता है।

आभूषण (Jewellery) गले में बहुत सारी चेन के साथ बीड्स का प्रयोग किया जाता था। असेरियन (Assyrian) सबसे ज्यादा रोमांचित करने वाली स्तिथि यह थी की वस्त्रों की डिज़ाइनिंग में कोई भी अंतर नहीं आया। पुरुषों के वस्त्र ठीक वैसे ही थे जैसे "बेबीलोनीयन" के समय।

फुट वियर (Foot Wear) पुरुषों के पैरों में पहनने वाले चप्पल एवं बूतस में काफी परवर्तन आ गया था। अब (wedge style) वैज स्टाइल की सेंडल

का प्रयोग होने लगा था। साथ में (High Boots) हाई बूतस का भी प्रयोग होता था। आभूषण इस वक्त पुरुष शरीर के सभी अंगों में आभूषण का प्रयोग करने लगे थे। यह आभूषण कान, नाक सभी अंग पर प्रयोग होता था। (earing, armlets, necklace) कानों, बाजूबंद और गले में पहनने वाले हार।

Women स्त्रियाँ शॉल को लपेट कर प्रयोग करती थी। शुरू में आयताकार और अर्ध गोलाकार शॉल को लंबे फीते जैसे धागे से बांध जाता था। बाद में छोटे चौरस एवं आयताकार वस्तुओं का प्रयोग हुआ। कभी-कभी छोटा आयताकार या चतुर्भुज जैसा कपड़ा एप्रन की तरह प्रयोग होता था। जिसको कमर पर फीते की तरह प्रयोग किया जाता था। ऊपर एक गोलाकार वस्त्र लपेटा जाता था जिसका एक सिरा कमर पर टांका जाता था जो बेल्ट से बांधा जाता था जबकि दूसरा सिरा कंधे पर खुला छोड़ दिया जाता था। फुन्दे (frindges) की संख्या उसकी सामाजिक प्रतिष्ठा के बारे में पता चलता था। दो बेल्ट का उपयोग इस तरह से किया जाता था कि शॉल अपने वास्तविक स्थान पर टिके रहे।

मिस्र (Egypt 3200 - 332 B. g.)

इतिहासिक पृष्ठभूमि मिस्र के मरुस्थल एवं सागर ने उसको एक व्यापक एवं सुदृढ़ राज्य स्थापित करने में मदद की। आरंभिक काल में पिरामिड के आकार की इमारत बननी शुरू हुई जो की राजा के टॉम थे। परंतु मध्यकालीन समय में यह पिरामिड आम जनता के लिए भी उपलब्ध होने लगे। मध्यकालीन समय में शासक सुद्रण थे। शासन व्यवस्था भी काफी सशक्त थी। पश्चिमी एशिया से आए गडरिय एवं कबीले के लोगों ने शासन में ही नहीं सामाजिक ढांचे में भी बदलाव किए। नए कस्टम नए पूजन व्यवस्था घोड़ा

गाड़ी नए औज़ार भी अपने साथ लाए। पिरामिड के साथ-साथ उन्होंने बड़े एवं आलीशान महलों का भी निर्माण किया।

मगर 12 वीं शताब्दी के आते-आते इनकी शक्तियां कम होने लगी।

सामाजिक एवं सांस्कृतिक तथ्य मिस्र के निवासी अपना लिखित प्रतिलिपि को रखने के लिए जाने जाते हैं। साथ ही वह मृत्यु के बाद के जीवन में भी विश्वास करते हैं। यही नहीं मृत्यु के पश्चात अपने प्रिय जन को दफनाते हुए वह उनके पसंद की वस्तुएं भी रखते थे। इसमें खाना कपड़ा नौकर सोने की वस्तुएं वह सभी वस्तुएं जो उनके जीवन काल में आवश्यक थी वह सभी वस्तुएं उनके सामान के साथ रखी जाती थी। वहां की जलवायु एवं पर्यावरण भी उनको ऐसा करने में मदद करता था। पूरा सामाजिक ढांचा भी पिरामिड की तरह था सबसे ऊपर राजा जिसे फेरन (Pharaon) कहा जाता था और सबसे नीचे नौकर गुलाम एवं कृषि मजदूर थे। इन सबके बीच प्रजा के अन्य वर्ग भी थे। मगर राजा को भगवान का रूप माना जाता था उसके बाद जो दूसरा व्यक्ति समाज में महत्वपूर्ण स्थान रखता था वह पादरी(priest) था।

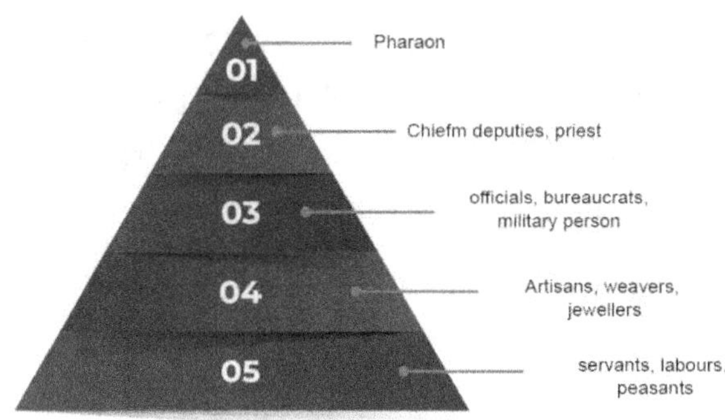

मिस्र के लोग कपड़े पहनने में ही संवेदनशील नहीं थे बल्कि अपने शरीर को लेकर भी जागरूक थे। अपने आपको सुंदर दिखाने के प्रयत्न में वह अपने ऊपर काफी ध्यान देते थे। सभ्य नागरिक दिखने की एक प्रयास में वह अच्छे कपड़े पहनते थे और अपनी सहूलियत का भी ध्यान रखते थे। रोज स्नान करना एवं कपड़े धोना भी उनकी प्रक्रिया में शामिल था जबकि मरुस्थल में पानी की कमी थी । काफी समय वह तैयार होने तेल मालिश मेकअप और इत्र लोशन में लगाते थे। उनकी जीवन शैली में अच्छे से तैयार होना ही नहीं अपितु मेकअप का एक महत्वपूर्ण स्थान था। सोने जैसी महंगी धातु का भी उपयोग करते थे । समाज में नंगापन स्वीकार्य नहीं था। मगर निम्न जाति में कभी-कभी देखने को मिलता या सबसे आश्चर्यजनक बात यह थी कि वह सब काले जादू में विश्वास करते थे।

(Textile) वस्त्र उद्योग मिस्र के लोक मुख्यत : प्राकृतिक रेशे का उपयोग वस्त्र बनाने में करते थे। वस्त्रों को करने के लिए भी प्राकृतिक रंगों का प्रयोग करते थे। वस्त्रों के रंग सांकेतिक रूप से उनके देवी-देवताओं से जुड़े हुए होते थे । मुख्यता सफेद (White) पीला (yellow) the flesh of God) हरा (Green) Represented life and youth) नीला (Blue skin of Amon (God of Air) और काला (Black) रंग भी प्रयोग होता था। मिस्र निवासी काफी अच्छे काश्तकार और बुनकर थे । काफी महीन नाजुक एवं राजसी वस्त्र बनाने में निपुण थे। डोर (Rope) जो मुख्यत : वस्त्र बांधने के लिए प्रयोग की जाती थी। मोतियों से बनी होती थी। उन और उन से बने वस्त्र मंदिर में नहीं प्रयोग किए जाते थे। उन्हें शुभ नहीं माना जाता था।

कास्ट्यूम (costume) पुरुषों के वस्त्र ऊपर पहनने वाले वस्त्र मुख्यतः इस कालखंड में वस्त्र प्लीट्स के साथ लपेटे जाते थे। चीते की खाल लोगों को लुभाती थी तथा उसे कंधों पर लपेट के लिया जाता था। केप (Cape) या

ट्यूनिक (Tunic) जो शर्ट की तरह दिखते थे । जिसमें छोटी बाजू होती थी प्रयोग किए जाते थे । इन को सामने छाती (Front chest open) पर से खुला रखा डाला या यह शीर (Sheer) कपड़े का बना होता था। Corseler (कारमलर) यह एक बगैर बाजू का कलात्मक कवच था।

हाइक (Haik) - एक लंबा पारदर्शी tunic ने जिसको पुरुष पहनते थे। इसको कमर पर बुने हुए धागे नूमा रस्सी से बांधा जाता था । जिसके सिर बहुत लंबे थे और सामने की तरफ लटकते रहते थे।

कैन्डी (Kandy) लंबा ढीला गारमेंट जोकि शीर (Sheer) कपड़े से बना होता था तथा जिसके सामने front प्लीट्स होती थी।

नीचे पहनने वाले वस्त्र Lower Garment सबसे पुराना पुरुषों के द्वारा उपयोग किए जाने वाले वस्त्र सादा लंगोट था जिसको शैन्टी (Schenti) कहते थे। जिसमें एक ही पट्टी होती थी । कमर पर बांधा जाता था तथा जिसकी समुदाय के सभी व्यक्ति प्रयोग करते थे। इसके अलावा एक अन्य तरीका भी था जिसमें आयताकार लीनन के कपड़े को जिसकी लंबाई भिन्न भिन्न होती थी। उसको जाँघ (Thigh) से घुटने तक बांधा जाता था। इसको बांधने का सरल तरीका उसको कमर से टाइट बांध कर आगे या तो चुन्नट डाली जाती थी या बॉक्स प्लीट डाली जाती थी।

हैड गीयर (Head Gear) मिस्र निवासियों के लिए सिर पर पहनने वाले वस्त्र एक संकेतिक समारोह में सभी को पहनने होते थे । वैसे यह हेडगियर्स अपने-अपने समूह या कबीले के अनुसार पहने जाते थे।

फुट वियर (Foot Wear) पुरुष या तो नंगे पैर रहते थे या फिर बुने हुए सैंडल पहनते थे उन सैंडल की बुनावट समाज में इसकी हैसियत के अनुसार उसमें बल (twist) दिये जाते थे।

आभूषण (Jewellery) सभी लोग आभूषण पहनना पसंद करते थे। बड़े-बड़े कॉलर जिनसे पूरी छाती ढक जाती थी। नेकलेस असली फल और फूलों से भी बनाई जाती थी । मुख्य तौर पर मध्यमवर्ग इस तरह के आभूषण पहनता था। उच्च वर्ग सोने एवं रत्नों से बने आभूषण पहनते थे । यह रत्न विभिन्न तरह के शेप के होते थे।

सोने से ही नहीं अन्य धातु का भी प्रयोग करते थे।

मेकअप (कासमेटिक / Cosmetic) तेल oil, पेस्ट (Paste), इत्र (perfume), टेटूस (Tatooos), क्रीम (Lotion) का प्रयोग स्त्री और पुरुष दोनों ही करते थे । आंखों का मेकअप (eye make Up) एक महत्वपूर्ण रोल निभाता था। आई लाइनर (eyeliners) के लिए कोल (khol) का प्रयोग किया जाता था। आई लाइनर (eye liner) के लिए हरे रंग का मैटेलिक पाउडर (Metalic Powder) का प्रयोग किया जाता था। मेकअप सुंदरता के साथ-साथ चिकित्सक गुण के लिए भी प्रयोग किया जाता था।

women (स्त्री) ऊपरी वस्त्र ट्यूनिक (Tunic) ट्यूनिक एक साधारण वस्त्र था जो कि हर स्त्री के द्वारा प्रयोग किया जाता था इसे निम्न वर्ग से लेकर उच्च वर्ग तक की स्त्रियां प्रयोग करती थी। सम्राट या स्त्रियां इसका प्रयोग कम करती थी।

(kalasiris) क्लासिरिज प्राचीन मिस्र की महिलाएं ज्यादातर एक साधारण म्यान (ट्यूबलर) पोशाक पहनती थी जिसे " क्लासिरिस " कहते थे ।

प्राचीन मिस्र की महिलाओं के वस्त्र पुरुष के वस्त्रों की तुलना में अधिक रूढ़िवादी थे। क्लासीरीज एक या दो पट्टियों से जुड़ा होता था जिसकी लंबाई मुख्यता घुटनों तक होती थी। ऊपरी किनारे वक्ष स्थल से ऊपर या नीचे हो सकते थे और लंबाई पहनने वाले के सामाजिक वर्ग को दर्शाते थी। पोशाक

पर अलंकरण के रूप में बीडिंग या पंखों का प्रयोग किया जाता था। पोशाक सरक्यूलर (Circular) लूम (Loom) पर बनायी जाती थी। जिस पर सिलाई (Seam Line) नहीं होती थी। पोशाके लिनन की बनाई जाती थी। ड्रेपस (Drapes) ऊपर से लपेटने वाले वस्त्र जोकि आयताकार शॉल की तरह था उसी प्रकार से लपेटा जाता था जैसे कि पुरुष वर्ग करते थे।

हाइक (Haik) हाइक " शब्द का प्रयोग सिर्फ ट्यूनिक या ट्यूनिक के साथ हुई शाल की ड्रेपिंग के लिए प्रयोग किया जाता था। मगर इसको शाही स्त्रियों के द्वारा ही प्रयोग किया जाता था।

नीचे पहनने वाले वस्त्र (Lower garment) गुलाम एवं नाचने वाली स्त्रियां अथवा नृतकी एक छोटी स्कर्ट पहनती थी जिसमें कमर पर एक बैंड होता था। नीची जाति में नग्नता आम थी।

धार्मिक वस्त्र (Religious Garments) - मिस्र की सभ्यता में धर्म का एक अपना स्थान था। धार्मिक समारोह में पढ़ने वाले वस्त्र भी अपना एक अलग महत्व रखते थे। मुख्यतः शॉल के लपेटने के स्टाइल से ही धार्मिक समारोह के बारे में पता चलता था। जब शॉल को लपेट कर प्रयोग करते हुए उसे अवस्था में ही कंधे पर रखा जाता था तो वह वस्त्र धार्मिक प्रयोजन के प्रयोग का हो जाता था।

केश विन्यास एवं केश मुकुट

(Hair Style & Head Gear) स्त्रियां लंबे बाल रखना पसंद करती थी। बाल काले मोटे या फिर बलट कट हो सकते थे। पूरे शरीर से बालों को हटाने के लिए ट्यूनिक स्टोन का प्रयोग किया जाता था। बालों को रंगना एवं बालों के लिए सुगंधित द्रव्य भी बनाया जाता था।

आभूषण : - मिस्र स्त्रियां आभूषण का प्रयोग बहुतायत कहती थी। मिश्र में चमकीले रंगों चमकदार पत्थरों एवं कीमती धातु का प्रयोग होता था। चांदी सोने के मुकाबले अधिक कीमती थी शायद इसलिए इसे एशिया से आया किया जाता था। महिलाएं उनके कंगन अंगूठियां हार जो चमकीले नगों से सजे होते थे।

ग्रीक सभ्यता (Greek Civilization)

प्राचीन ग्रीक सभ्यता आठवीं शताब्दी इसी पूर्व से लगभग छठी शताब्दी ईस्वी तक 1300 साल राज करने वाली सभ्यता की।

ऐतिहासिक पृष्ठभूमि (Historical background) (529 A.D.) ग्रीक सभ्यता एक संपन्न सभ्यता थी। वहां के नागरिक कला एवं पोशाक निर्माण के क्षेत्र में काफी प्रवीण थे।

सांस्कृतिक एवं सामाजिक पृष्ठभूमि

(Culture and social back ground) ग्रीक समाज सामान्य व्यक्ति एवं कुलीन पुरुषों से मिलकर बना था। समाज में पुरुष ज्यादा सक्रिय थे और उनका प्रभुत्व था। फिर भी पुरुष तभी बाहर जाते थे जब उनकी जरूरत होती थी मगर वह अकेले नहीं जाते थे। उनके साथ पूरा लावलश्कर होता था। परंपरागत तरीके से विवाह संबंध स्थापित थे और पुरुष के साथ एक स्त्री के रहते थे। स्त्रियों में नंगापन समाज में स्वीकार्य नहीं था जबकि पुरुष व्यायाम या खेल के प्रैक्टिस नंगे होकर करते थे। खेलकूद को लेकर उनका दृष्टिकोण काफी व्यापक था।

यूनानी सभ्यता हमेशा से ही बहुत महत्वपूर्ण रही है क्योंकि आधुनिक पश्चिमी संस्कृति की सबसे गहरी जड़े इसी सभ्यता की मानी जाती है।

पुरुष अपने एथलीट स्टेटस को पसंद करते थे। ग्रीक निवासी अच्छे और दिलकश (Nice) कपड़ों को पहनना पसन्द करते थे। उनका कपड़े को बुनने की कला काफी जटिल थी तथा लपेटने मे भी वह बेजोड़ थे। वस्त्र बुनने के लिए भिन्न- भिन्न मापो के हथकरघे के वस्त्र बनाये जाते थे। पूरे ग्रीक में ऊन एक लोकप्रिय वस्त्र था जिसको बाद मे लिनन एवं सूती कपड़ों के द्वारा विस्थापित किया गया। ग्रीक व्यक्ति उत्तम बुनकर स्पिनर एवं कशीदाकारी, करते थे। ज्यामितीय डिजाइन के साथ-साथ वह अलंकारिक डिजाइन (Figurative) भी बनाते थे। वस्त्रों में अनगिनत रंगों का उपयोग पिया जाता था। (Costume) कास्टयूम ग्रीक साम्राज्य काफी छोटे-2 खण्डों में विभाजित था। उसके बावजूद सभी प्रदेशों के कपड़े पहनने की व्यवस्था एक जैसी थी। पूरे प्राचीन सभ्यता में कपड़े पहनने का तरीका कभी नही बदला।

प्राचीन यूनानी वस्त्र मुख्य रूप से पहचान की बजाय आवश्यकता, कार्य, सामग्री और सुरक्षा पर आधारित थे।

वस्त्रों की मूलभूत संरचना एक सामान ही रही। अगर ध्यानपूर्वक दृष्टि डाली जाए तो ग्रीक कास्टयूम दो सिद्धातों पर आधारित थे।

1. सभी लपेटने के सिद्धांत के चाहे "ट्यूनिक" पर लपेटे जाए या फिर 'क्लोक' (cloak) पर एक यूनीसेक्स (unisex) आयताकार कपड़ा होता था, यह कपड़ा भिन्न- भिन्न माप में उपलब्ध था।

२. शरीर को ढकने के लिए कपड़े का प्रयोग होता था मगर इस कपड़े को कभी भी काटा या सिला नही जाता था

पुरुषों के ऊपर पहनने वाले वस्त्र (upper garment) आरम्भिक ग्रीक काल में पुरुषों के द्वारा प्रयोग किये जाने वाला आयताकार वस्त्र "Exomis" था। इसका माप 3 x 6 feet होता था।

कमर पर belt के साथ बाँधने पर इसको ट्यूनिक की तरह देखा जा सकता था। इसको इस तरह बाँधा जाता था जिसमे सीधा हाथ खुला छोड़ा जाता था तथा यह उल्टा हाथ पर होते हुये लपेटा जाता था, ताकि कार्य करने में मुश्किल न हो। यह परिधान सभी कार्य करने वाले कारीगर पहनते थे।

(chlamys) क्लेमिस - क्लेमिस एक प्राचीन यूनानी लबादा का प्रकार था। सम्राट, उच्च अधिकारी एवं सेना से मुख्य अधिकारीयों की यह एक राज्य पोशाक थी। यह सम्पूर्ण पोशाक नही थी। मगर उसका एक महत्वपूर्ण भाग था। इसे यात्रा पर जाते समय चिह्न के ऊपर पहना जाता था। यह या तो Leather या भारी ऊन का बना होता था। सीधे हाथ (Right hand) पर पिन्न के साथ इसको बाँधा जाता था। मगर इसे रात को सोने के लिय प्रयोग किया जाता था।

इसका माप 5 x 9 फुट होता था। यह एक आयताकार वस्त्र था।

(chiton) चिट्टान चिह्न अगरखा या ट्यूनिक का ही एक रूप है जो प्राचीन ग्रीक में पहना जाता था। इसे स्त्री एवं पुरुष दोनों पहनते थे। इसके दो रूप थे।

1- (doric) डोरिक चिह्न

2- (loric) आमनिक चिह्न

डोरिक चिटोन - डोरिक चिटोन ऊन का बना होता था यह एक आयताकार कपडे का टुकड़ा था जिसकी लम्बाई 6 फीट या कभी - कभी पहनने वाले से ज्यादा होती थी। इसको शरीर के चारो तरफ लपेटा जाता था तथा बचे हुये कपड़े को फोल्ड करते हुय कन्धे पर पिन के द्वारा बाधा जाता था। लटकता हुये कपड़े की लम्बाई कमर तक और कभी - कभी हिप तक होता था।

आयनिक चिह्न - आयनिक चिटोन डोरिक चिटोन के मुकाबले एक हल्के वस्त्र वहां का होता था। यह कभी-कभी लिलन सिल्क या कॉटन का बना

होता था इस चिट्टोन को कंधे पर ब्रोचीस (broaches) के द्वारा बंधा हुआ होता । यह ब्रोचीज कभी एक और कभी क्रमबद्ध श्रृंखला में होते थे। इसमें बाँधने के लिए कॉर्ड (chord) रिबन (Ribbon लगे हुये होते थे वस्त्र की ड्रेपिंग इस कॉर्ड (chord) के सहारे टिकी हुई होती थी। लपेटने का तरीका अलग-अलग होता था । यहां तक की सभी अलग- अलग तरीके से अलंकृत होते थे। चिह्न कंधे पर बंधे होते जिसके लिए पिन का प्रयोग किया जाता था। जिसे "फैबूला"(Febulas) कहते थे। यह ब्रोच जैसा होता था । सोना चांदी या अन्य धातु का बना होता था उस पर बेश कीमती नग लगाये जाते थे । तथा उल्टे हाथ को खुला रखा जाता था। धीरे - धीरे चिह्न भी सिले जाने लगे। मगर वह ढीले-ढाले होते थे तथा रात को कपड़े के रूप में भी प्रयोग किये जा सकते थे। लम्बाई के ज्यादा होने पर यह, पारंपरिक तथा समारोह मे प्रयोग की जाती थी ।

(Himanton) हैशन यह बाहर पहनने वाला वाला था। उन का बना होता था। वास्तव मै यह 6 फीट x 9 फीट या आपताकार टुकड़ा था जिसका वह (swathed) में लपेटा जाता था। इसकी कोई भी निश्चित फास्टनिंग (Fastening) नहीं थी। यह पप्लोस या चिटोन पर पहना जाता था इस बाहरी आयताकार वस्त्र को बाएं हाथ के नीचे से निकाल कर दायं कंधे पर सुरक्षित करना था। ठंड के मौसम में हेशन का प्रयोग महत्वपूर्ण ही नहीं बढ भी जाता था। पहनने वाले को पूरी कह से कवर करने के लिए हेशन को सिर से भी कवर किया जाता था इसको रात को कंबल की तरह प्रयोग किया जा सकता था। वैसे तो यह सफेदरंग का होता था मगर बाद में कत्थई भूरा (Reddish brown) रंग का ज्यादा लोकप्रिय था। मगर गरीब लोग को यह रंग पहनने का अधिकार नही था।

नीचे पहनने वाले वस्त्र (Lower Garment)

(Perizoma) पेरिजोमा :- एक लंगोट जो स्त्री एवं पुरुष दोनों में पहनी जाती थी। इसको अन्डरवियर के स्थान पर पहना जाता था। यह उस समय का सर्वप्रथम अन्तः वस्त्र था। इसमें एक रिबन या रस्सी जो कि लैदर या ऊन की बनी होती थी एक तिकोने या आयताकार कपड़े लगी होती थी। कमर के चारों तरफ उसे रस्सी या रिबन को बाँध कर, पहनने वाले व्यक्ति गुप्तांग को ढका जाता था (Military costume) युद्ध में पहनने वाले वस्त्रा- ट्यूनिक के ऊपर, अपने को विभीषकाओं से बचाने के लिए एवं मोटा अस्तरबन्द पहना जाता था । यह एक मेटल (Metal) की चेस्ट शील्ड थी जिसकों धंधे पर पतली पट्टियां से बांधा जाता था। यह पट्टियां या तो लैदर की या फिर ब्रान्च (Bronze) की होती थी ।

हैल्मेट की तरह दिखने वाला हेड गीयर में आगे का भाग कुछ इस तरह बढ़ाया जाता था जिससे -गाल (cheek bones) नाक एवं गला सुरक्षित रह सके। लैदर एवं मैटल में सुरक्षा चिन्ह पैरों मे भी पहने जाते थे। जिनको हाई बूटूस के ऊपर पट्टीयों से बाँधा जाता था

केश विन्यास एवं प्रसाधन (hair style & appearance) अरस्तू "सुंदरता किसी भी परिचय पत्र की तुलना में कही अधिक बड़ी सिफारिश है"। वास्तव में यूनानियों के लिए यह तथ्य बिल्कुल सत्य है। मिस् और रोमन लोगों के विपरीत जो बहुत सारे मेकअप का प्रयोग करते थे और आर्कषक केश पहनते थे, यूनानियों ने वास्तव में प्राकृतिक रूप को बालों में पसंद किया। सुनहरे बाल स्त्री एवं पुरुष दोनों के द्वारा पसंद किये जाते थे। जिसके लिए प्रकर्तिक ब्लीच पाउडर का प्रयोग होता था।

ग्रीक पुरुषों की दाड़ी एवं बाल लंबे थे। लेकिन बाद में उन्होंने छोटे घुँघराले एवं क्लीन दाड़ी को महत्ता दी। हैट का प्रयोग काफी ज्यादा होता था। उसमें मुख्य थी।

Pelasos हैट का एक प्रकार थी। जो धूप से बचने के लिए प्रयोग की जाती थी। यह ऊँन फ्लैट, लैदर या स्ट्रॉ से बनी होती थी। इसमें एक चौड़ा क्लासी ब्रिम था Pilos एक अन्य किस्म की हेट थी जिसकी ब्रिम छोटी तथा चोटी (top) नूकीली (pornle) होती थी। पैरो में पहनने के लिए सैंडिल एवं जूते पहने जाते थे जिसका प्रयोग बाहर आने जाने के लिए किया जाता था जबकि घर पर नंगे पैर ही रहा जाता था।

आभूषण पुरुष न्यूनतम आभूषण ही धारण करते थे। मुख्य रूप से ब्रोचीज़ हो प्रयोग किये जाते थे। यह हल्के कलात्मक होते थे तथा उन पर नग, लगे होते थे।

स्त्रियाँ उपरी वस्त्र (upper garments) स्त्रियों, वो ऊपरो पहनने वाले वस्त्र पुरुषों की तरह होते थे।

रैप्स एंड क्लोक (wraps aud cloak) यह एक छोटा लपेटने वाला वस्त्र था जो कि आयताकार टुकड़ा था। इसको कंधे पर कस कर बांधा जाता था जिसको लम्बाई लेअर टोरमो तक होती थी । इसको सभी वर्ग की स्त्रियां पहनते थे ।

Himantion) हेशन - हैशन का स्वरूप वहीं था जो कि पुरुषों के हेशन के अनुरूप ही था। स्त्रियाँ भी हेशन चिटोन के ऊपर पहनती थी। स्त्रियाँ इसको सिर से लपेटती थी। इसको लपेटने के अनगिनत स्टायल थे । यह लिनन या ऊन का बना होता था। मगर कभी - कभी दोनो का मिश्रण भी होता था। ऊन का बार्डर बना कर उसमें मोटिफ कर प्रयोग किया जाता था।

पैप्लोस (peplos) पेप्लेस को सभी ग्रीक स्त्रियाँ प्रयोग में लाती थी। वास्तव में यह एक गाऊन था जिसके साथ शॉल लिया जाता था। दोनों कन्धों पर "फैबूलास" (febulae) के द्वारा इसे पिन किया जाता था। उल्टे हाथ की

(Left Hand Shoulder) की तरफ पूरा खुला छोड़ा जाता था। पेपलोस के दो मुख्य प्रकार थे।

(Open peplos) ओपन पेपलोस

(Closed peplos) क्लोज्ड पेपलोस

पेपलोस महिलाओं के लिए विशिष्ट पोशाक के रूप में स्थापित परिधान था। यह एक लंबा आयताकार कपड़ा था जिसका ऊपरी किनारा लगभग आधा नीचे की और मूडा हुआ था। कमर पर चुन्नट देकर परिधान को पिन किया जाता था।

"ओपन पेपलोस" को अधिकतर कमर पर बेल्ट नहीं किया जाता था। ग्रीक महिलायें अपनी शालीनता के कारण अधिकतर "क्लोज़ पेपलोस पहनना पसंद करती थी। "क्लोज़ पेपलोस" दो आयताकार टुकड़ों को एक साथ रख कर उसके कोनों पर सिलाई करते है।

अंत: वस्त्र (Undergarment) उच्च या सभ्रान्त वर्ग की स्त्रियाँ एक चौड़ा बैंड पहनती थी जो उनके वक्षस्थल को ढक सके। यह ऊँन, सिल्क या लिनन का हो सकता था। इसके ऊपर एक छोटा पारदर्शी ट्यूनिक पहना जाता था और फिर उसके ऊपर या हैशन पेपलोस पहना जाता था। रात को सोने के समय कैसरिया (camisia) पहना जाता था। यह one off shoulder होता था तथा शीर (Sheer) फैब्रिक का बना होता था इसकी लंबाई घुटने तक होती थी।

केशविन्यास एवं प्रसाधन (Hair style appearance) ग्रीक महिलाये आरंभ में प्रसाधन का प्रयोग नहीं करती थी लेकिन बाद में फैस पेन्ट करना शुरू कर दिया था। ग्रीक आई मेकप करते थे तथा नहाने के बाद इत्र का भी प्रयोग करते थे। बहुत कम सीधे (straight hair) केशविन्यास रखे जाते थे।

अधिकतर बाल घुमदार होते थे उसके लिए वह हॉट आयरन का प्रयोग करते थे। स्त्रियाँ बालों को बांधती थी एक बन के रूप में जिसको "शिगोनी" (Shigoni) कहते थे। विग पहनने का भी फैशन प्रचलित था। बालों को फूलों से कलात्मक रूप से सजाया जाता था मगर कभी कभी डेकोरेटिव मटीरीयल का भी प्रयोग किया जाता था।

आभूषण – ग्रीक निवासी सोने के आभूषण बनाने में निपुण थे। जिसमें वह कीमती नग का प्रयोग करते थे। अधिकतर उनके डिजाइन में कलात्मकता होने के साथ – साथ एक नजाकत भी देखने को मिलती थी। सोने चांदी एवं तांबे के तारों को खींचकर डिजाइन बनाए जाते थे। अधिकतर "फ़ेबुलस" भी पहने जाते थे मगर फिर भी शरीर के हर अंग पर पहनने वाले आभूषणों का भी प्रयोग होता था।

रोम (Roman civilization) रोमन सभ्यता की स्थापना 509 b.c. में हुई मगर उसका पतन तीसरी शताब्दी ए. डी. में होना आरंभ हो गया।

सामाजिक एवं सांस्कृतिक परिवेश (Cultural & Social) प्रारम्भिक रोम गणराज्य दो वर्गों मे बंटा हुआ था प्रथम कुलीन वर्ग (Palricians) दूसरे आम लोग (Plebians) मुख्यत: क्लीन वर्ग के अधीन ही सारी राजनीतिक व्यतिविधियाँ थी। सिनट एवं सरकार पर इसी वर्ग का निमंत्रण था। इस वर्ग में अमीर कृषक एवं उच्च वर्ग के लोग थे। आम वर्ग में कृषक, व्यापारी, कारीगर और शिल्पी थे। इनको सरकारी पद प्राप्त नहीं होता था। सबसे ज्यादा तीसरा वर्ग जिसमें दास थे। यह अधिकतर युद्ध बंदी होते थे। लेकिन कर्ज न अदा करने के कारण भी दास बनाए जाते थे। कृषि मुख्य आधार था। मगर समाज में बुनकर लुहार एवं बड़ई भी थे। यद्यपि उस काल में व्यापार उन्नत नहीं था। कृषि ही उनकी आर्थिक स्तिथि का मुख्य आधार थी। कुलीन रोमन

ही वास्तव में रोम के नागरिक थे। यह अपने परिवार, गुलाम तथा विदेशियों को भी ध्यान रखते थे।

टेक्सटाइल रोमन व्यक्ति सिर्फ अपने लिए ही कटाई बुनाई एवं कपड़े का निर्माण करते थे। व्यापारिक दृष्टिकोण को ध्यान में रखते हुए रंगने एवं बिनाई (Dying & Weaving) की प्रक्रिया पर ध्यान दिया जाता था। रोम में चाइना, भारत एवं यूरोप के साथ उनके व्यापारिक संबंध थे। वे सिल्क, काटन, लिनन एवं ऊँन का आयात एवं निर्यात करते थे। रोमन वस्त्र ग्रीक के वस्त्रों के समान थे।

हल्के वस्त्र जैसे सिल्क एवं भारतीय सूती वस्त्र स्त्रियों के कपड़े बनाने में प्रयोग किये जाते थे। आरंभ में सफेद रंग तथा बाद में पीला, लाल, नीला, समुद्री हरा एवं हल्का गुलाबी (Yellow, Red, deep Blue, sea, green 2 light pink) रंगों का प्रयोग किया जाता था। इसके अलावा अन्य क्षेत्र जैसे जूता बनाना (Shoe making) (Jewellery) एवं आभूषण बनाने की कला में भी वह निपुण थे।

वस्त्र (Costume) सभ्य नागरिक की पोशाक मुख्य रूप से दो भागों में विभक्त थी।

1. Indutune – वह वस्त्र जो सिर से फिसल कर पहने जाते थे।

2. Amictune – वह वस्त्र जो की लपेट कर पहने जाते थे।

पुरुष ऊपर से पहनने वाले वस्त्र tunic ट्यूनिक एक ट्यूनिक या अंगरखा मूल परिधान था जिसे सभी वर्ग के लोग प्रयोग करते थे । इसे बेल्ट से छोटा या बड़ा किया जा सकता था। यह एक आयताकार वस्त्र का टुकड़ा था जिसे कंधे पर पिन बांधा जाता था। यह मूलरूप से ऊनी था मगर बाद में लिनन का भी बना। किसी मी रैंक के पुरुष या उच्च वर्ग के पुरुष एक से अधिक ट्यूनिक

पहनते थे। सबसे अन्दर बनियान की तरह पहनने वाला टयूनिक "ट्यूनिक इन्टीरियर" (Tunic Interior) कहलाता था। उसके ऊपर सादा ट्यूनिक पहना जाता था मगर समय के साथ ट्यूनिक ज्यादा कलात्मक होते गये जिसमें ग्रीक काल के फ्लोरल एवं एनीमल मोटिफ (Floral & animal motife) का प्रयोग किया गया। कमर पर चुन्नट को बेल्ट के साथ रखा गया जबकि सार्वजनिक स्थान पर जाते हुये वह कमरबन्द (gridIe) का प्रयोग करते थे जिससे उनके बहुमूल्य एवं उपयोगी सामान सुरक्षित रह सके। आरम्भ में ट्यूमिक में बाजू की लम्बाई तथा ट्यूनिक की अपनी लम्बाई कम होती भी मगर बाद में दोनो ही लम्बाई अधिक हो गई। सिल्क का ट्यूनिक फैशन की दृष्टि से अधिक लोकप्रिय हुआ मगर उसका प्रयोग केवल समरांत व्यक्ति ही करते थे।

डालमेटिक (Dalmatic) यह एक ढीला ढाला, बिगैर बेल्ट का वस्त्र था जिसे ट्यूनिक के ऊपर पहना जाता था यह देखने मै जपनीस किमोनो' (japenese Kimano) से मिलता जुलता था। डालमेटिक जरूरत से ज्यादा कलात्मक होता था।

(Toga) टोगा - रोमन समाज का प्रतीक चिन्ह टोगा था। दुसरे शब्दों में यह कहा जा सकता था कि "टोगा" उनकी राष्ट्रीय पोशाक थी। यह एक लपेटने बाला वस्त्र था। यह रोमन नागरिक को विदेशी एवं "गुलाम" नागरिकों से अलग करता था। वास्तव में यह एक साधारण, अर्धवृताकार वस्त्र था जो बाद में धीरे-धीरे इसकी शेप बदल गई।

रोमन गणतन्त्र के आखिरी शताब्दी के आते तक "टोगा" बहुत ज्यादा चौड़ा (wider) तथा जटिल (complicated) ' हो गया मुख्य रूप से तब, जब उसे सार्वजनिक समारोह मे पहना आरम्भिक अवस्था में टोगा अनब्लीच्ड (unblecked) उन से बनाया जाता था ओर इसे अन्तः वस्त्र (Lion) के

ऊपर पहना जाता था। इसका आकार (size) भी छोटा होता था। लेकिन बाद में यह ट्यूनिक के ऊपर पहना जाने लगा और उसको आकार (size) भी काफी बड़ा हो गया। और वह देखने में कलात्मक हो गया। यह काफी रंगों में बनाया जाता था मगर सिर्फ सम्राट ही सुनहरे (Gold) बेंगनी (Purple) रंग का टोगा पहन सकते थे। नीला (blue) रंग काला (black) रंग थियोलॉजी एवं (green) हरा रंग मेडिसन का था। उच्च श्रेणी के लोग सफेद रंग का टोंगा पहनते थे।

नीचे पहनने वाले वस्त्र (लोअर गार्मन्ट) आरम्भ में रोम निवासी लिनन की बनी हुई लंगोट पहनते थे। जिसे "सबलिगर" (Subliger) कहते थे। यह कमर पर बांधा जाता था। मध्य और उच्च वर्ग के लिए यह अंत: वस्त्र की तरह प्रयोग किया जाता था मगर दास या निम्न वर्ग इसको पूर्ण परिधान की तरह उपयोग करते थे।

Leg covering पैर ढकने के लिए दोनों पैरों पर लैगिंग की तरह टाइट फिटिंग वस्त्र होता था मगर इसको रोज प्रयोग नहीं किया जा सकता था इसका प्रयोग सिर्फ सैनिक करते थे। जब ठंड अधिक होती थी।

Hair Style केशविन्यास रोमन व्यक्तियों का केशविन्यास ग्रीक जैसे ही था। वास्तव में उनके वस्त्र, केशविन्यास सभी पर ग्रीक सभ्यता का असर देखने को मिलता है। कुछ केशविन्यास जैसे पेटालोस, पिलोस (ग्रीक सभ्यता) वह वही थे। आरंभ में केश लंबे थे मगर फिर छोटे हो गए तथा वह इसे विभिन्न तरीके से व्यवस्थित करते थे रोमन इतिहास के आरंभिक काल में ज्यादातर लोग अपने स्वयं के नाई थे मगर फिर उनके घरेलू दास हो नाई का कार्य करते थे। शैविंग करना नियम बन गया था दाड़ी रखने वाले पुरुषों को सीनेट में प्रवेश नहीं दिया जाता था बाद में दाड़ी रखने की प्रथा आरंभ हुई। उनके औजारों में चाकू (knife), कैंची (Scissors), कंघा (comb), शीशा

(mirror), इत्यादि थे। जैतून के तेल (olive oil) का प्रयोग बालों में मालिश के लिए प्रयोग होता था। लिक्विड सोप सिर को धोने के लिए प्रयोग किया जाता था।

आभूषण (Jewellery) फैबुला (Pin) और अंगुठी (Febullas and rings) यही दो आभूषण पुरुष प्रयोग करते थे। आरंभिक दौर में (gold) और बाद में लोहा (iron) भी अंगूठी बनाने में प्रयोग होने लगा। ब्रेसलेट्स सिर्फ मिलिट्री वाले ही प्रयोग में लाते थे। फुट वियर रोमन व्यक्ति जूता बनाने की कला में निपुण थे। कुशल मोची इस काल में उपलब्ध थे। रोमन ने व्यवहारिक एवं सजावटी जूतों की एक विस्तृत श्रृंखला विकसित की। आज जिन जूतों की शैली हम प्रयोग में लाते है लगभग वह सभी उन्होंने विकसित की। आउटडोर जूते जो फ्लॉट सेल के थे। सामन्यप्रकार के जूते (कार्बतिना) पतले सोल की सैंडिल (एकमा) इतना ही नहीं गीले मौसम में पहनने के लिए लकड़ी की भोजरी और सैन्यवूट (कैलींग) भी निर्मित किये। शादी के लिए दुल्हन की नारंगी रंग के नरम जूते (लुटेई साँस की) तथा सार्वजनिक प्रोटोकॉल में सीनेटरों वो लिए लाल टखने तक के जूते शामिल है।

स्त्रियाँ - रोमन स्त्रियों की पोशाक में बहुत थोड़ा परिवर्तन देखने को मिलता था वह लगभग ग्रीक स्त्रियों थी पोशाक से मिलती पोशाक ही धारण करती थी।

ऊपर पहनने वाले वस्त्र (upper garment) स्त्रियाँ ट्यूनिक पहनती थी यह घुटनों की, लम्बाई, तथा अंगरक्खा होता था इसमें बाहे भी होती थी। इसे रात्रि की पोशाक की तरह भी प्रयोग किया जा सकता था।

स्टोला (stola) यह देखने में ग्रीक चिह्न की तरह था तथा बाहर जाने की पौशाक थी। चिह्न की दोनो श्रेणी

1. Ionic

2. Doric

दोनो ही स्टोला मे देखने को मिलती है। स्टोला में कपड़े के दो आयताकार टुकड़े होते हैं जो या बटन से जुड़े होते है । जिससे परिधान को सुरुचिपूर्ण तरीके से लपेटा जा सकता है। इसके लपेटने में कितना वस्त्र लगेगा यह उस वस्त्र के टॅक्सचर एवं पारदशिता पर निर्भर करता था। मौसम के अनुसार आस्तीन को लम्बाई आरम्भ में ज्यादा या काम हो सकती थी। अन्य वस्त्रों की तरह "स्टोला" ऊन का बना होता था मगर बाद में धीरे-धीरे सूती, लिनन, एवं सिल्क का भी बनने लगा। बार्डर के साथ विपरीत रंगो के संयोजन के साथ भी यह लोकप्रिय हुआ । इसको दो स्थानों पर बाँधा जाता था पहला वक्षस्थल से नीचे और दूसरा हिप लाइन पर एक चौड़े बेल्ट के द्वारा बाँधा जाता था। इस तरह हममें पड़ने वाली चुन्नटो के द्वारा डिजाइन बनाने "में सफलता मिलती थी। पल्ला (Palla) स्टोला के ऊपर महिलाएं पल्ला पहनती थी यह एक आयताकार शॉल होता था यह 11 फीट लम्बा और पांच फीट चौड़ा होता था इसे एक कोट की तरह पहना जाता था। इसे लम्बाई में प्लेट्स डाल कर, बचा हुआ वस्त्र कंधे पर "फब्यूला" के द्वारा पिन किया जाता था।

सेन्टरोपियम (st. Rophium) - स्त्रियां बगैर सिले कपडे के आयाताकार टुकड़े को वक्ष पर पहना जाता था यह एक वस्त्र पहनने की श्रृंखला में आरम्भिक वस्त्र था। सेन्टरोपियम (Sr. Rophium) को लॉउन क्लाथ (Lion cloth) के साथ सामूहिक स्नान के समय पहना जाता था। यह एक आरम्भिक बिकनी कास्ट्यूम था। (Hair style 2 appearence) रोम गणतन्त्र के केशविन्यास ग्रीक के केश विन्यास से मिलते थे। रोमन सभ्यता पर ग्रीक सभ्यता का काफी प्रभाव था । केश को बीच में से पार्टिशन कर के

सारे कैश को पीछे करके गाठ बांधकर बनाया जाता था जिसे "शिंगान" (shignon) कहा जाता था केश विन्यास अधिकतर वास्तुकला पर आधारित थी जिसमे काफी लेयर (teared) बनायी जाती थी। जिन्हे एक के एक बना पर ऊपर भवन की शक्ल दी जाती थी ब्लान्ड बाल पैशन में ये जिसको प्राप्त करने के लिए ब्लीच का प्रयोग किया जाता था। दुल्हन के केश को काफी ऊंचा बनाया जाता था जिससे घूंघट (Vail) करने में आसानी हो तथा सिर को ढकने के लिए चौरस रुमाल होता था जिसे सिर पर रखा जाता था।

पंखे (Fan), रुमाल (Rumal) पर्स (hand bag) स्त्रियों के प्रयोग में आने वालो फैशन एसेसरीज (Fashion accessories) काफी लोकप्रिय थी। प्रसाधन का प्रयोग बहुतायत होता था। होंठों की शेप एवं रंग, eye brows का रखरखाव तथा शरीर को गोरा बनाने की सामग्री बहुत लोक प्रिय थी। सारे प्रसाधन प्राकृतिक थे तथा पौधों के सत् (Extract) से बनाये जाते थे। समय के साथ – साथ झुर्रियों (wrinkle) को दूर करने का उपचार भी काफी लोकप्रिय था। उच्च, और उच्चतर लोकप्रिय श्रेणी की महिलाएं घर पर ही भाप स्नान (Steam bath) करती थी।

आभूषण (jewellery) रोमन गणतन्त्र की आरंभिक अवस्था में जिस धातु का प्रयोग किया जाता था वह लोहा थी, मगर बाद, मे सोने का प्रयोग होने लगा। अधिकतर अगूठियाँ लोहे की बनायी जाती थी।

मगर बाद में सोने का प्रयोग होने लगा लगा। नवरत्न या प्रयोग होता था नगर, हीरा, मोती एवं माणिक (Diamond, Pearl, Rubby) ज्यादा लोकप्रिय थे।

मानव आकृति एवं पशुओं की आकृति उनके आभूषणों में बनायी जाती थी।

फुटवियर (Foot wear) रोमन स्त्रिया पुरुषों के मुकाबले कम फुटवियर पहनती थी । सैन्डिल (sandles) एंकलबूट (Ancle boot) फैशन में थे । जूतों पर सोने के तार एवं मोती से कढ़ाई की जाती थी स्त्रिया इसको ज्यादा पसन्द करती थी।

Twentieth & Twenty first century Fashion Trends।

20 वी शताब्दी के फैशन की बात करने से पहले हमें मध्ययुगीन फैशन के बारे में जानना अत्यन्त आवश्यक है। उस वक्त के फैशन यो जाने बगैर हम आज के परिवेश की चर्चा नही कर सकते। रोमन सम्राज्य के अन्त से मध्य युग की आरम्भिक अवस्था तक का समय "अंधकार युग" के रुप मे जाना जाता है। इस वक्त का सिर्फ एक ही तत्व था, वो था चर्च। उस वक्त तक यूरोप में एक नया सामाजिक ढाँचा संगठित हुआ जिसको संघात्मक ढाचे का नाम दिया (known as Federal system) उस वक्त सिर्फ अपनी सुरक्षा उन्हें सैन्य बल में ही नज़र आती थी। सातवी शताब्दी तक यूरोप, की अत्यन्त प्रभावशाली नीतियों के कारण सबसे ज्यादा इस्लाम" को प्रभावित किया। फेडरल सिस्टम एवं नाइट्स (Knites) ने बडे-बडे कैसल(Castle) बनवायें जो कि सुरक्षी के कारणों से उनका निर्माण हुआ।

मगर 12 वीं शताब्दी तक यह कैसल काफी भव्य रूप ले चुके थे तथा यह लार्डस और उनके परिवारों में रहने का स्थान बन गए । राजा की सभा (Court of Kings) में आर्टिस्ट, कवि, संगीतज्ञ (musicians) और अन्य कला से निपुण कलाकार अपनी सोच एवं संस्कृति का आदान प्रदान करते थे यही नही वह सभा फैशन को प्रदर्शित करने का उत्तम स्थान थी। कला के माध्यम से वह शिक्षा, संस्कृति एवं धर्म का प्रचार एवं प्रसार करने लगे । 10 वीं शताब्दी के मध्य में वास्तुकला की शैली में बदलाव आना शुरू हो गया।

अब गोलाकार, अर्द्ध गोलाकार इमारतें बनने लगी । 11th शताब्दी में गोथिक स्टायल के आने से इसमे फिर से परिवर्तन आया अब नुकीली ।

(Pointed) आर्कस, खूबसूरत सन ग्लास विन्डो बनने लगी। 11 वीं शताब्दी में मध्य में आर्थिक एवं सांस्कृतिक बदलाव आये। जिसमे महल एवं शहर ज्यादा सम्पन्न हो गया। यातायात ज्यादा सुरक्षित एवं तेज हो गया। चर्च का निर्माण ज्यादा तथा पैसा चर्च में ज्यादा आया फ्रांस एवं इटली? शिक्षा के केंद्र बने तथा नये विश्वविधालयों का निर्माण हुआ। मध्यशताब्दी में स्त्रियों की जिन्दगी काफी संघर्षपूर्ण थी। इनके पास कोई भी अधिकार नही थें।

Textile इस वक्त ऊन (wool) सबसे ज्यादा महत्वपूर्ण फैबरिक था। फ्रीस, साटिन और लिनन (freece, Satine, linen) भी लोकप्रिय थे। जानवर की खाल का का प्रयोग खराब मौसम में किया जाता था। कपड़ों को सुरक्षित करने के लिए अलग से लकड़ी का बाक्स (chest) बनाया जाता था। 12 वीं शताब्दी तक बुनकर (Weaver's) एवं दर्जी (tailored) ने अलग अलग संगठनों में (trade guild) अपने आपको व्यवस्थित कर लिया था। कपड़े को बेचने के लिए काफी संख्त कानून एवं माप दण्ड बनाये गये जिसमें सबसे महत्वपूर्ण मापदण्ड कपड़े की चौड़ाई (width) को लेकर था । युद्ध का आगाज हो चुका था । व्यापार करने के नियम थोड़े लचीले बनाये गये और अपने व्यापारिक रिश्तों को सुधारने पर भी जोर दिया। सबसे महत्वपूर्ण तथ्य यूरोप में सिल्क (silk) का निर्माण शुरू हो गया। स्पेन, अफ्रीका, इटली फ्रांस एवं पूर्व वे कुछ राज्यों नै वार्षिक व्यापार मेलों का आयोजन करना आरम्भ कर दिया था ।

costume आरम्भिक मध्य युग तक रोम के वस्त्रों का प्रभाव देखने को मिला परन्तु 13th शताब्दी के आस पास यूरोप ने अपना एक स्टायल का विकास किया। इस वक्त तक दर्जी का कार्य एक सम्पूर्ण व्यवसाथ से रूप में स्थापित

हो गया था तथा पुरुष वर्ग ही करता था 10वीं शताब्दी के उतरार्द्ध से वस्त्र काफी फिटिड एवं स्लीक हो गये थे। पुरुष दो ट्यूनिक का प्रयोग करते थे। आउटर ट्यूनिक एवं अन्डर ट्यूनिक। जिसमें अन्डर ट्यूनिक थोड़ा सा बड़ा होता था तथा बाहर की तरफ नजर आता था। अन्दर ट्यूनिक फिटिड होता था तथा उसकी बाजू लम्बी होती थी। कलाइयों से उसको मोड़ा (Fold) जाता था फिर उस पर आउटर ट्यूनिक पहना जाता था। आउटर ट्यूनिक की बाजू चौड़ी होती थी जिसमें से अन्डर ट्यूनिक दिखाई देता था। 11 वीं शताब्दी में ट्यूनिक ढीला एवं लम्बा हो गया। कमर से उसमें फ्लेयर (Flair) होता था। जिसका डालेमेटिक कहा गया। ट्यूनिक का प्रयोग लगातार होतो गया उसका गला अब चौरस बनने लगा। 12वीं एवं 13वीं शताब्दी में ट्यूनिक में काफी परिवर्तन आये। ट्यूनिक की बाजू कभी कभी इतनी ढीली एवं लभ्बी (Voluminuos) होती थी कि वह हाथ को ढक लेती थी तथा घुटने तक लम्बी हो जाती थी। अभी तक बनने वाले ट्यूनिक shoulder Line से कटे होते थे। और उसमें हो नेक बना पर सिलाई कर दी जाती थी परन्तु अब ट्यूनिक दो पीस में कटने लगे जिसके कारण उसमें फिटिंग अच्छे से दी जाती थी। बैक साइड के केन्द्र (Center) में लेस का प्रयोग होने लगा। इस ट्यूनिक को स्कर्ट के साथ जोड़ दिया गया। यह ट्यूनिक surogate कहलाये जबकि inner tunic को Lote बोला गया। 12वीं शताब्दी में लेदर वेस्ट लाइन फैशन में आयी जो कि नेचुरल (Malamal) वेस्ट (waist line) से काफी नीचे थी। स्केलपड़ (scalloped effect) दिखने के लिए स्लेशिंक हेमलाइन एक स्लीव प्रेक्टिस में आई जिसे डैंगिंग (dagging) कहा गया।

13 वीं शताब्दी के ट्यूमिक में थोड़ा सा परिवर्तन हुआ। इस वक्त बिगैर बाजू (sleeveless) जिसमे आरम्होल (Armhole) बड़ा तथा नेकलाइन भी

wide थी। वस्त्र की सीम लाइन साइड मे आ गई जिसमें आर्महोल बड़ा था तथा उसमें छोटी स्लीव लगाए गई।

13 शताब्दी मैं बाँधने के रिबन एवं फ्लोरल बटन का प्रयोग होने लगा।

पेन्ट कर साथ ट्यूनिक एवं कैप का प्रयोग हुआ जिसे cheaprone कहा गया।

Fashion High Light 20th Century

1900 – 1911 women

- Pinched in waist lines

- Tight fitting corsets

- Legomutton sleeves

- Floor length sleeves

- Shirt waist blouse

- Ornate hats

For men

- Frock coat

- Laced up boots

- Sports knickers

- Blazers

Duplicating of Adult clothing

1911-1920

Women

- Narrow sillhoute

- Straight skirts

- Nobble skirts

- Matching esambles for trim

- Smaller hat and hand bags

Men

- Natural shoulder look narrow lapels

- Straight pant and simple styling

1920-1930

Women

- Shorter skirts, flapper styles

- Long torso sillhouttes

- Ruffles/flounces

- Beading and frindges for wraps in the evening

- Spectator sports wear

Men

- Bell bottomed/flaired trouser

- Nipped in waist line

- Softer shoulder

- Knickers

- Poloshirts

1930-1940

Women

- Mid calfhemline for day

- Floor length for evening

- Bias cut and strapless

- Neckline suits with padded shoulder and short jackets

Men

- Broadened and padded shoulder

- Loose trouser with pleated waist

- Cuffed button

- Double breast suit

- Spectator sports

Children   *   Simple Style

1940-1950

- Padded shoulder

- Short to long skirts

- Tiny waist lines

- Full skirts

- Short fitted jackets

- Biknies

- Jeans/over sized sweater

Men

- Single breast suit

- Contrasting sports coat with trouser

- Narrow lapels

Children girls

- Sloppy Joes

- Boys – T – Shirt

- Sport shirt

1950   Women

- Diverse fashion

- Long/short hemlines

- Elegant and tailored clothing

- Sports wear

- Beatrick look

Men

- Dark gray suit

- Narrow tappels/shoulder

- Narrow pants

- Ivyleague look

- Dress shirt in colours

Children Girls

- Full skirts over crinoliners

- Mother daughter look a like outfit

Boys

- Plaid vests

- Miniature grey suits (flawned)

- Son father look a like outfit

1960 Women

- Youth oriented style

- Mod look mini skirts

- Hot pants

- Channel suits

- Chemise dress

- Midis and maxies

- Pant suits

- Un constructed swim suits

Men

- Exaggerated lapples

- Flared/ ball bottom pants

- Boots

- Jewellery

- Long hair

Children

- Torn Jeans

- T-Shirts

1970   Women

- Pant suits

- Hot pants

- Platform shoes

- Granny clothing

- Evening pants

- Tunic

Men

- Broad up turned padded shoulder

- Fitted waist line

- Long jackets

- Flared trousers

- Unisex dresses

- Designer jeans (women, men and children)

1982   Women

- Elegant evening wear

- Mini skirt

- Signature merchandiser

- Warm up suits

- Athletic shoes

- Buties

Men

- Physical fitness attire

Children

- Athletic shoes

- Brand levis

- Shirt

- Sweater

1990   Women

Platform shoes

Gringe casual waer

Retro style

Men

Button down shirts

Jeans

Work shoes

Leather jackets

Children

Jeans

Sweat shirt

Base ball cap

अध्याय-5

वैक्सिंग एवं वैनिंग ऑफ फैशन

- Causes

- **Fashion cycle**

"वेक्सींग एवं वैनिंग" फैशन में क्या है। मगर उससे पहले "वैक्सींग और वैनिंग" का अर्थ समझना जरूरी है। "बड़ना" एवं "घटना" वो चाहे आकार, डिजाइन, रंग या माप दंड । फैशन में वैक्सिंग एवं वैननिंग से तात्पर्य फैशन का उतार-चड़ाव है। फैशन को समाज के किस वर्ग ने अपनाया और उसने कितनी लोकप्रियता हासिल की। यह सब तथ्य भी इसमें शामिल है। आम भाषा में वैक्सिंग का अर्थ हुया जुड़ाव वो फैशन जिसको हमने त्यागा नहीं अपितु पीड़ी दर पीड़ी उस फैशन को सहेजा और उसे क्लैसिक फैशन का नाम दिया इसके विपरीत "वैननिंग" फैशन को पूर्ण रूप से या आंशिक रूप से नापसंद करते है या छोड़ देते है। वह फैशन इसके अंतर्गत आता है। कभी-कभी उसे नापसंद करने का समय काम या अधिक हो सकता है। यह फैशन "फैड फैशन" के अंतर्गत आता है। इसका अर्थ यह हुआ की फैशन का उतराव चड़ाव या कुछ जुड़ना या फिर घटना पसंद नापसंद ही वैक्सिंग एवं वैनिंग है। हर समय काल से अपनी एक विशिष्ट शैली होती है जिसके चारों तरफ उस समय कालखण्ड का फैशन चलता है। उस शैली का अपना स्टाइल और डिजाइन होता है फैशन में कुछ न कुछ जोड़ता है। मगर कभी – कभी फैशन में किया गया डिजाइन कार्य कला की दृष्टि से या साज सज्जा

140

(decorative) के कारण किया जाता है। तो उस कृति की ब्यूटी नष्ट हो जाती है।

फैशन हर वर्ष अपने सम्पूर्ण व्रत में आता है जिसमें बहुत सारे रंग, नये कट स्टायल और ऊँची नीची हेमलाइन होती है। उसी वृत में हमे "वैक्सिंग एवं वैनिंग" को भी दृष्टिगत किया जा सकता है। फैशन का मुख्य तत्व, बदलाव changes है। यह सत्य है कि फैशन कभी भी किसी का इन्तजार नही करता है। ध्यान पूर्वक अगर फैशन का इतिहास देखा जाए तो फैशन में काफी प्रचंड रूप से बदलाव देखने को मिलता है। वो भी स्त्रियो की वस्त्र शैली में। फैशन ट्रेन्डस 1 मिनट से 15 दिन तक बदलते रहते है।

हर मौसम में ग्राहक नये फैशन को देखता है, नये स्टायल को पसन्द करता है उसमें से कुछ नापसन्द कर दिये जाते है तो कुछ थोड़ा रुक कर और कुछ कन्स्यूमर Consumers को पसन्द आते है जिन्हें वह खरीदते है पहनते है और एक नया ट्रेन्ड चालू रखते है । जिस तरीके से फैशन बदलता है और नए फैशन की खोज करता है वह फैशन साइकील कहलाता है।

फैशन साइक्किल

फैशन साइकिल को हमेशा घंटी के आकार में दर्शाया जाता है । आम साइकले की तरह फैशन साइकले व्रताकार नहीं है। इसकी मुख्यत: पाँच सोपान है।

1. Introduction – प्रस्तावना

2. Rise in Popularity – लोकप्रियता में वृद्धि

3. Peak of Popularity – लोकप्रियता में शिखर

4. Decline of Popularity – लोकप्रियता में गिरावट

5. Rejection / New start – अस्वीकार साइकिल से हमे एक स्टाइल की लोकप्रियता या फिर किसी व्यक्ति विशेष डिजाइनर की सामान्य लोकप्रियता सभी कुछ फैशन साइकिल से समझा जा सकता है।

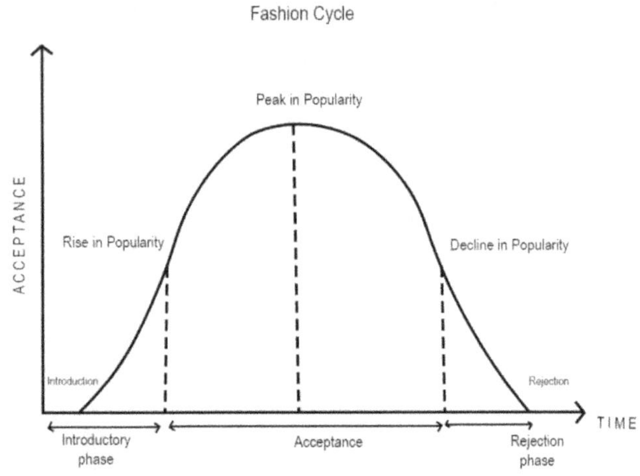

डिजाइनर अपने रचनात्मक सोच के साथ आगे बड़ते हुये अपने डिजाइन का पोर्ट फोलियो (Port Folio) को तैयार करते है। उस पर रिसर्च करके आम जनता को, अपनी नई डिजाइन को, जनता के सामने पेश करते है। नए डिजाइन में डिजाइन के तत्व को ध्यान में रखते हुए जैसे लाइन (line) शैप (shape), रंग (Color), फैब्रिक (Fabric) उनके तालमेल को भी अच्छे से ध्यान में रखते है।

यही तालमेल बाजार से नई क्रियशन **(New Creation)** के नाम से जाना जाता है। फैशन साइक्ल की इस प्रथम अवस्था में सिर्फ फैशन में नयापन और स्टायल ही आम जनता ढूंढती एवं पसन्द करती है। वो बात अलग है कि बाज़ार मे उपलब्ध सभी डिजाइन लोगों के द्वारा पसन्द नही किये जाते। डिजाइनरस जो कि राष्ट्रीय एवं अन्तराष्ट्रिय बाजार में प्रसिद्ध होते है उनके

पास अपने डिजाइन को मार्किट में लाने में कोई कठिनाई नही होती बेशक उनकी बनाने में (Production, Cost) लागत ज्यादा लगती है। और उन महंगे प्रोडक्टस को कुछ ही वर्ग के लोग खरीद सकते है। मगर एक बहुत बड़ा सत्य यह भी है कि जब हम कम सामान तैयार करते है तो हमारे पास उस को तैयार करते वक्त रचनात्मकता, स्वतन्त्रता एवं लचीलापन होता है। जिससे हम उत्कृष्ठ सामान तैयार कर पाते है।

लोकप्रियता में वृद्धि (Rise is popularity) जब एक नया स्टायल बाजार में आता है तो उसको देख कर जनता उसकी और आकर्षित होती है एवं उसको खरीदती है। फिर धीरे-धीरे उसकी लोकप्रियता बढ़ती है। उस डिजाइन के बारे में बात करके, न्यूज या प्रेस में पढ कर सामान्य जनता उसके बारे में एक राम रखने लगती है। उसी के साथ डिजाइनर अब अपने डिजाइन के मूल्य में भी कमी लाने की कोशिश करता है। उसकी समझ में आने लगता है अगर उसकी कीमत मे कमी होगी तो उस का खरीददार बढ़ेगा। इन सब तथ्यों को सोचते हुये डिजाइनर अपने लोकप्रिय डिजाइन में कुछ मॉडिफिकेशन (Modification करके डिजाइन को मार्किट में लाते है या फिर कुछ निर्माता उसको सस्ते फैब्रिक के साथ उसकी नकल करने लगते हैं।

शिखर पर लोकप्रियता (Peak of popularity) जब फैशन अपनी बुलंदीयों पर होता है उसकी लोकप्रियता अपनी, चरमबिंदु तक पहुँच जाती है, बाजार में उसकी डिमान्ड अत्याधिक बड़ जाती है। उस वक्त कुछ निर्माता उसको कॉपी करके बेचने लगते यही नही स्ट्रायल वो ही रखे जाते है पर उसमें प्रयोग होने वाले अवयव बदल दिए जाते है। जिसके कारण अमुक डिजाइन बाजार में भिन्न – भिन्न मूल्यों में उपलब्ध होने लगता है। इसी अवस्था में हमें adaption या मेल खाते डिज़ाइन एवं नौकऑफ (Knock) देखने में मिलते है। निर्माता बहुत ध्यान से बाज़ार के उतार चढ़ाव को ध्यान

में रख कर मॉस प्राडक्शन का प्रबंध करते है। इस वक्त यह लोकप्रिय डिजाइन हमें हर स्थान पर देखने को मिलता है।

लोकप्रियता में गिरावट (Decline of Popularity) वास्तव में बाज़ार मैं उस लोकप्रिय डिजाइन की आई बाढ़ में फैशन कानश्यास लोगों को नया कुछ देखने के लिए उकसाना शुरू किया या या हम यह कह सकते है कि फैशन को पसन्द करने वाले लोग अब नये फैशन की तलाश करने लगे। इस वक्त खुदरा व्यापारी (Retailers) वार्षिक सेल, की घोषणा करते है या सस्ते दामों में उन डिजाइन का क्रय विक्रय करते है। कभी-कभी उनको मिक्स एवं मैच (Mix & Match) के द्वारा भी बेचने की कोशिश की जाती है।

5. अस्वीकृत (Rejection & New start) सबसे आखिरी चरण में डिजाइन को उपभोक्ताओं के द्वारा अस्वीकृत कर दिया जाता है। और कुछ फैशन फालोउरस नया डिजाइन खोज लेते है। "आउट आफ फैशन" कहते हुये उपभोक्ता उस लोकप्रिय हो चुके डिजाइन को काफी सस्ते में भी नहीं खरीदना चाहते। यही नही वो अपने खरीदे हुये वस्त्र को भी नहीं पहनना चाहते । और यहीं से एक नये स्टायल का आरम्भ हो जाता है।

सारे फैशन इसी साइकिल का अनुसरण करते है। किसी भी फैशन के फैशन साइक्लि की कोई भी समय सीमा नहीं है, कुछ फैशन पीक पर कुछ ही दिनों में आ जाते है तो किस को महीनों का समय लगता है। कभी - कभी स्टायल फ़ैड की श्रेणी में आता है तो कोई स्टायल बदल बदल कर अपने नये रूपों में उपभोक्ताओं के द्वारा पसन्द किया जाता है और यही समय रिकर्रिंग फैशन साइकिल का होता है ।

Recurring cycle रिकरिंग साईकल

कभी-कभी कोई फैशन खत्म होने के पश्चात् भी अपनी लोकप्रियता नहीं खोता है। वह वापिस एक नये नाम से अपनी पहचान बनाता है । डिजाइनर जब अपनी सोच को डिजाइन के रूप में अवतरित करते है तो उस वक्त वह

इतिहास को भी देखते है। और उस में से उस लोकप्रिय डिजाइन के स्टायल को अपनी सोच के साथ सम्मिलित करते हुये नया डिजाइन बनाने की कोशिश करते हैं।

Ex

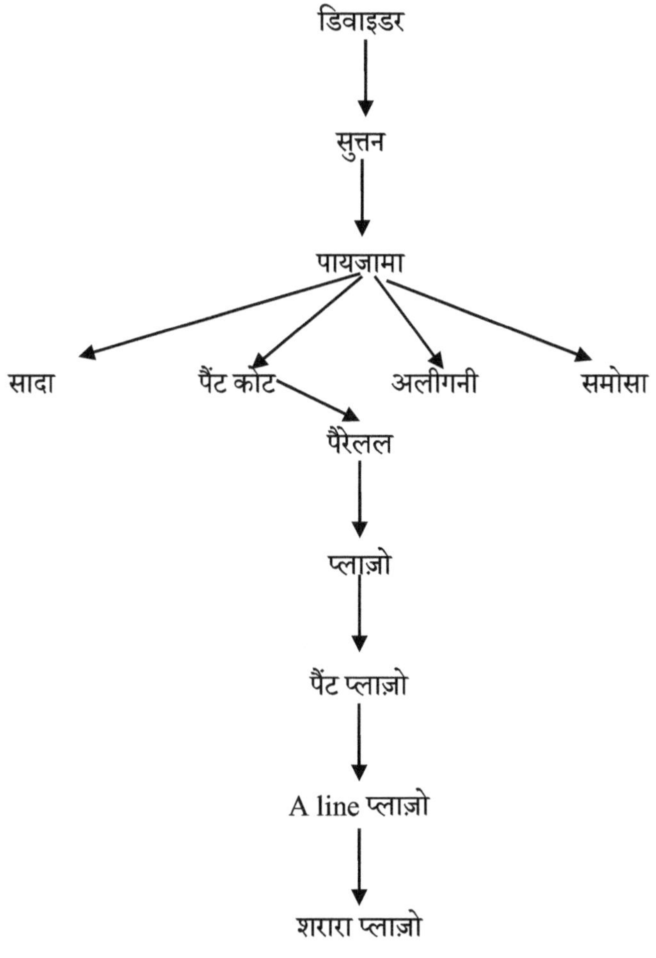

वास्तव में प्लाज़ो- पायजामा + पैंट+ शरारा हैं।

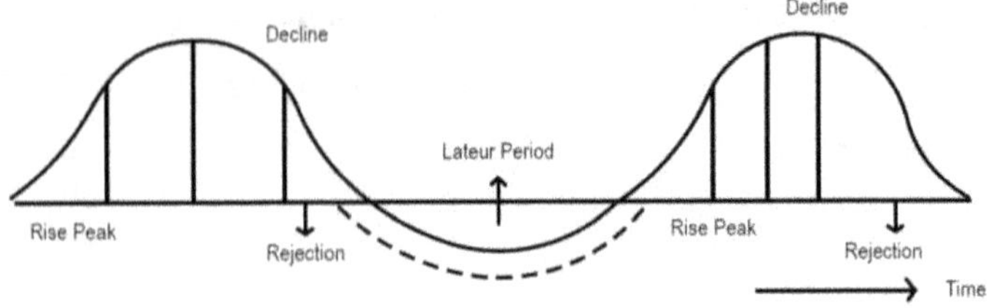
Decline
Decline
Lateur Period
Rise Peak
Rise Peak
Rejection
Rejection
Time

ग्रंथ सूची

1. Fibre 2 fashion: https://www.fibre2 fashion.com

2. Hamstech: https://www.hamstech.com

3. Hisour: https://www.hisour.com

4. The Guardian

5. Fashion design concept-Gini Stephens Frings

6. https:// dict.hinkhoj.com